U0527491

奔向繁荣
资本市场这十年

证券时报社 ◎ 编著　季晓磊 ◎ 主编

PROSPERITY TOWARDS
A DECADE IN THE CAPITAL MARKET

人民日报出版社
北京

图书在版编目 (CIP) 数据

奔向繁荣：资本市场这十年 / 证券时报社编著；季晓磊主编 . — 北京：人民日报出版社，2023.10
ISBN 978-7-5115-7944-7

Ⅰ.①奔… Ⅱ.①证… ②季… Ⅲ.①资本市场—概况—中国 Ⅳ.① F832.5

中国国家版本馆 CIP 数据核字（2023）第 151260 号

书　　　名：	奔向繁荣：资本市场这十年
	BENXIANG FANRONG: ZIBEN SHICHANG ZHE SHINIAN
编　　著：	证券时报社
主　　编：	季晓磊
出 版 人：	刘华新
责任编辑：	蒋菊平　徐　澜　李　安
版式设计：	九章文化
出版发行：	人民日报出版社
社　　址：	北京金台西路 2 号
邮政编码：	100733
发行热线：	（010）65369509　65369527　65369846　65369512
邮购热线：	（010）65369530　65363527
编辑热线：	（010）65369528
网　　址：	www.peopledailypress.com
经　　销：	新华书店
印　　刷：	大厂回族自治县彩虹印刷有限公司
法律顾问：	北京科宇律师事务所　（010）83622312
开　　本：	710mm×1000mm　1/16
字　　数：	214 千字
印　　张：	16
版次印次：	2023 年 11 月第 1 版　2023 年 11 月第 1 次印刷
书　　号：	ISBN 978-7-5115-7944-7
定　　价：	39.00 元

序言

陪伴资本市场的"这十年"

季晓磊

党的十八大以来，以习近平同志为核心的党中央，从全局高度谋划资本市场高质量发展，赋予资本市场新定位、新使命，深刻回答了新时代需要什么样的资本市场、怎么建设好资本市场的重大课题，为新时代资本市场改革发展指明方向。

这十年，从核准制到注册制的跨越，从"退市难"到"应退尽退"的普及、从市场违法违规成本过低到法律体系"四梁八柱"的落地生根，中国资本市场基础制度更加成熟定型，全面深化改革取得重要突破。

这十年，中国资本市场双向开放的大门越开越大，A股纳入MSCI、富时罗素及标普道琼斯等国际指数公司且比重不断提升，行业机构外资股比全面放开，沪深港通启动并不断完善。

这十年，股票市场规模增长238.9%，债券市场规模增长444.3%，股票市场投资者超过2亿，股债融资累计达到55万亿元，包括主板、科创板、创业板、北交所、新三板和区域性股权市场在内的多层次资本市场体系显著拓宽了资本市场服务实体经济的广度深度。

这十年，资本市场以改革提升监管治理效能，着先手主动精准拆弹股票质押、债券违约、私募基金及场外配资等风险点位，经受住各种国际国内超预期的冲击，主要指数稳中有升，健康发展态势持续巩固，防风险能力显著增强。

一个规范、透明、开放、有活力、有韧性的资本市场正迎面向我们走来。

路漫漫其修远兮，吾将上下而求索。中国资本市场这十年的非凡成就，是以习近平同志为核心的党中央坚强领导的结果，也是中国特色社会主义制度的优势所在，更是市场各方参与者共同努力和辛勤付出的必然。

十年弹指，证券时报作为中国主流财经媒体，无愧于资本市场守望者的使命担当，无悔于资本市场记录者的峥嵘岁月。

从服务实体经济、防控金融风险、深化金融改革三项任务的明确，到多层次资本市场体系日益健全、注册制改革落地；从股债融资规模创历史新高，到拥有超过2亿投资者的全球第二大证券市场，中国资本市场过去十年的每一个高光时刻，我们都不曾缺席。

回首来路，可以积蓄前行的动力。在中国资本市场走过新时代十年不平凡历程的重要节点上，证券时报隆重推出了"奋进新征程 建功新时代·资本市场这十年"大型主题报道，从擘画蓝图、制度建设、对外开放、科技创新、地方答卷、公司力量、机构方阵等方面，全景式呈现党的十八大以来资本市场改革发展的累累硕果。

放眼未来，全面注册制改革大幕徐徐开启，中国资本市场更加坚定不移、坚信不疑地推进市场化、法治化、国际化。证券时报将继续以记录者、亲历者、守望者的姿态，陪伴中国资本市场的下一个十年。

作者系证券时报社党委书记、社长兼总编辑

目 录

1 擘画蓝图篇

顶层设计蓝图一新
多层次资本市场释放澎湃动力 / 3

资管行业十年蝶变
步入规范发展新时代 / 12

2 制度建设篇

制度建设抓铁有痕
资本市场生态全面改善 / 25

法治化开启新局
护航资本市场高质量发展 / 36

管理体系更加完善
金融秩序明显改善 / 44

3
对外开放篇

对外开放"步步高"
中国资产吸引全球目光 / 57

双向开放成绩斐然
中国资本市场初具"国际范" / 67

4
科技创新篇

资本活水精准浇灌
科技创新硕果满园 / 81

资本市场全力加持
中国经济"含科量"大幅提升 / 90

A股公司科技含量稳步提升
千亿军团"新兴"向荣 / 99

5
地方答卷篇

资本市场实力大增
东西部差距正在缩小 / 109

横琴样本：
改革开放加速推进海岛蝶变 / 119

推进一体化发展
"长三角号"巨舰破浪前行 / 128

昔日滩涂变新城：
前海筑成深港合作"桥头堡" / 136

临港新片区三年大变样
"五自由一便利"硕果累累 / 144

立足湾区协同港澳
广州南沙构建高水平发展新格局 / 154

6
公司力量篇

多层次资本市场驶入"快车道"
上市公司增"量"提"质" / 165

强链低碳创新担当
上市公司勇立潮头 / 174

做大高精尖产业军团
京津冀合奏深度协同交响乐 / 185

7

机构方阵篇

与新时代同频共振
证券业强筋健骨上台阶 / 195

当好资本市场"稳定器"
保险业助力完善社保体系 / 204

银行业改革风雨兼程
信贷资管基本盘坚如磐石 / 214

公募基金跨越"黄金十年"
筑牢资本市场压舱石 / 223

十年不寻常　证券私募业
成为财富管理"新势力" / 232

01

擘画蓝图篇

顶层设计蓝图一新
多层次资本市场释放澎湃动力

过去十年间，以习近平同志为核心的党中央高度重视资本市场改革发展，从全局高度擘画资本市场发展蓝图，深刻回答了新时代需要什么样的资本市场、怎么建设好资本市场的重大课题，赋予资本市场新的定位和使命，为新时代资本市场改革发展指明了方向。

从服务实体经济、防控金融风险、深化金融改革三项任务的明确，到多层次资本市场体系日益健全、注册制改革落地；从股债融资规模创历史新高，到拥有超过2亿投资者的全球第二大证券市场，中国资本市场日趋规范、透明、开放，活力释放，韧性彰显，吸引了国内外越来越多投资者的目光。

4842家 上市公司家数（上交所+深交所+北交所，截至2022年6月17日）

超6700家 新三板挂牌企业

3.6万家 区域性股权市场挂牌企业

90多个行业大类 上市公司和挂牌企业群体分布

约2.05亿 投资者人数（截至2022年5月31日）

超82万亿元 A股总市值（截至2022年6月17日）

2012年 68% → 2022年 84% 非金融上市公司市值占比

图1 "数"说资本市场

奔向繁荣：资本市场这十年

积跬步以至千里，积小流以成江海。回望来路，中国资本市场砥砺前行，攻坚克难，化危为机，始终保持蓬勃生命力，归根结底在于有以习近平同志为核心的党中央的坚强领导和中国特色社会主义的制度优势，在于市场各方参与者的共同努力和辛勤付出。

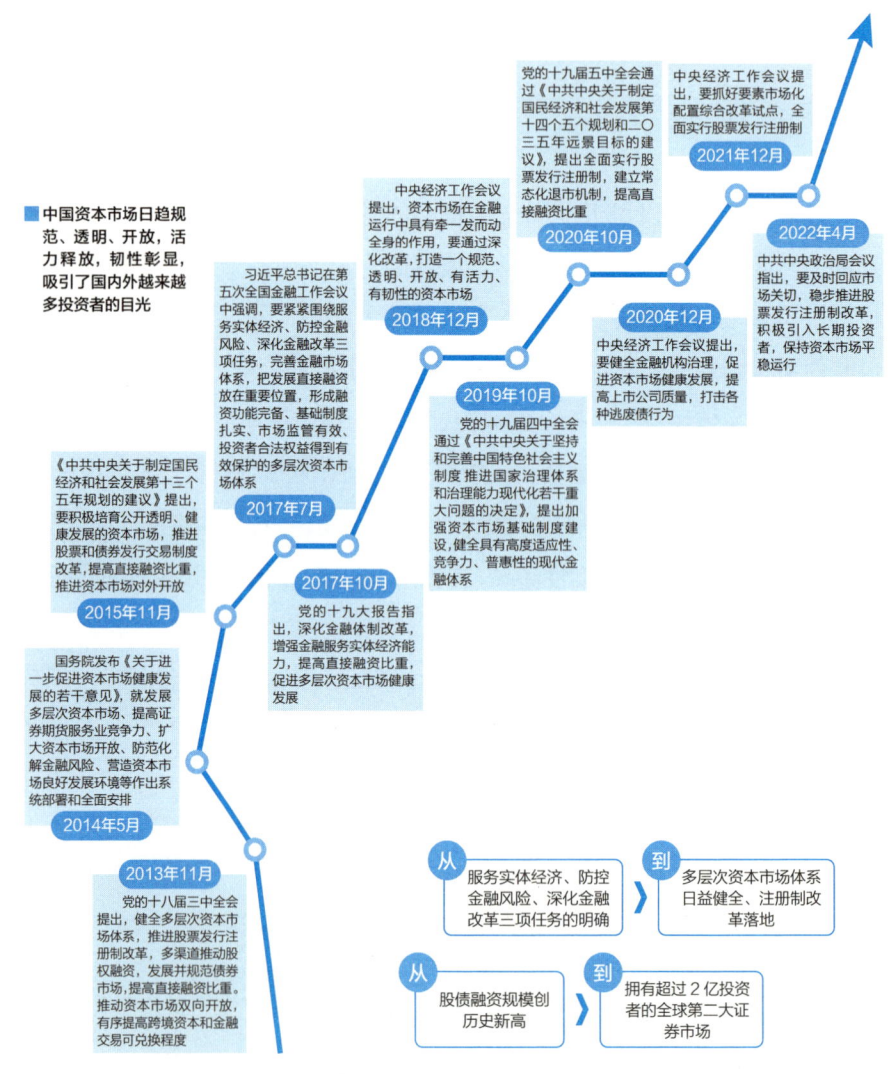

图2 近十年党中央国务院关于资本市场的重要表述

- **2013年11月** 党的十八届三中全会提出，健全多层次资本市场体系，推进股票发行注册制改革，多渠道推动股权融资，发展并规范债券市场，提高直接融资比重。推动资本市场双向开放，有序提高跨境资本和金融交易可兑换程度

- **2014年5月** 国务院发布《关于进一步促进资本市场健康发展的若干意见》，就发展多层次资本市场、提高证券期货服务业竞争力、扩大资本市场开放、防范化解金融风险、营造资本市场良好发展环境等作出系统部署和全面安排

- **2015年11月** 《中共中央关于制定国民经济和社会发展第十三个五年规划的建议》提出，要积极培育公开透明、健康发展的资本市场，推进股票和债券发行交易制度改革，提高直接融资比重，推进资本市场对外开放

- **2017年7月** 习近平总书记在第五次全国金融工作会议中强调，要紧紧围绕服务实体经济、防控金融风险、深化金融改革三项任务，完善金融市场体系，把发展直接融资放在重要位置，形成融资功能完备、基础制度扎实、市场监管有效、投资者合法权益得到有效保护的多层次资本市场体系

- **2017年10月** 党的十九大报告指出，深化金融体制改革，增强金融服务实体经济能力，提高直接融资比重，促进多层次资本市场健康发展

- **2018年12月** 中央经济工作会议提出，资本市场在金融运行中具有牵一发而动全身的作用，要通过深化改革，打造一个规范、透明、开放、有活力、有韧性的资本市场

- **2019年10月** 党的十九届四中全会通过《中共中央关于坚持和完善中国特色社会主义制度 推进国家治理体系和治理能力现代化若干重大问题的决定》，提出加强资本市场基础制度建设，健全具有高度适应性、竞争力、普惠性的现代金融体系

- **2020年10月** 党的十九届五中全会通过《中共中央关于制定国民经济和社会发展第十四个五年规划和二〇三五年远景目标的建议》，提出全面实行股票发行注册制，建立常态化退市机制，提高直接融资比重

- **2020年12月** 中央经济工作会议提出，要健全金融机构治理，促进资本市场健康发展，提高上市公司质量，打击各种逃废债行为

- **2021年12月** 中央经济工作会议提出，要抓好要素市场化配置综合改革试点，全面实行股票发行注册制

- **2022年4月** 中共中央政治局会议指出，要及时回应市场关切，稳步推进股票发行注册制改革，积极引入长期投资者，保持资本市场平稳运行

■ 中国资本市场日趋规范、透明、开放，活力释放，韧性彰显，吸引了国内外越来越多投资者的目光

从 服务实体经济、防控金融风险、深化金融改革三项任务的明确 → 到 多层次资本市场体系日益健全、注册制改革落地

从 股债融资规模创历史新高 → 到 拥有超过2亿投资者的全球第二大证券市场

4

市场人士普遍认为，十年来，资本市场改革开放亮点纷呈，体量和质量两翼齐飞，成为社会主义市场经济体系的重要组成部分，在促进资本形成、优化资源配置、建立现代企业制度、建设创新型国家方面发挥了不可替代的枢纽作用，为推进经济发展和社会进步作出了重要的贡献。

» 服务实体经济实现量质双升

在一颗种子萌发之前，没有人知道它蕴含着如此磅礴的力量。过去十年间，资本市场迸发出创新发展活力，在服务实体经济的交响乐中，奏出了华彩乐章。

2017年召开的第五次全国金融会议，为资本市场的发展之路指明了方向。习近平总书记强调，要紧紧围绕服务实体经济、防控金融风险、深化金融改革三项任务，完善金融市场体系，把发展直接融资放在重要位置，形成融资功能完备、基础制度扎实、市场监管有效、投资者合法权益得到有效保护的多层次资本市场体系。

当年10月，党的十九大报告对进一步推进资本市场发展改革进行了战略部署，提出要深化金融体制改革，增强金融服务实体经济能力，提高直接融资比重，促进多层次资本市场健康发展。自此开始，增强金融服务实体经济能力，深化资本市场改革，成为金融供给侧结构性改革的重中之重。

"金融活，经济活；金融稳，经济稳。""经济兴，金融兴；经济强，金融强。"习近平总书记的论述，道出金融与经济血脉相连的关系。金融以服务实体经济为天职，资本市场更是责无旁贷。锚定服务实体经济这个根基，让资本市场成为优秀企业的竞技舞台、资源配置的最佳平台、融通金融与实业的血脉枢纽，实现"科技+资本"创新驱动战略的主要途径，是资本市场的重要使命。

"服务实体经济、保护投资者合法权益是资本市场发展的根与魂。"

证监会主席易会满在第60届世界交易所联合会（WFE）年会开幕式上表示，要担负起资本市场的使命责任，进一步强化市场功能发挥，坚持依靠实体、服务实体，推动实体经济和资本市场的良性循环，同时要警惕资金空转泡沫化，防止脱实向虚风险累积。

资本市场在服务实体经济方面体现出怎么样的担当和责任，交出了一份怎样的成绩单？拿数据来说话。近5年来，内地资本市场IPO与再融资合计超过5.5万亿元，上市公司并购重组交易金额达11.2万亿元，跻身全球第二大并购市场。私募股权和创投基金累计投资未上市公司股权超8万亿元。交易所债券市场合计发行约34万亿元，其中，非金融公司债券13.3万亿元，占公司债券总量的72%，净融资8.8万亿元。2021年，IPO融资创十年新高，481家企业A股首发上市，同比增长22%；546家上市公司完成再融资，IPO、再融资规模合计超过1.5万亿元。

截至目前，中国资本市场拥有超过4800家上市公司、6700多家新三板挂牌企业，和3.6万家区域性股权市场挂牌企业。上市公司和挂牌企业群体分布在90多个行业大类，成为中国经济的"基本盘"，非金融上市公司市值占比从2012年的68%上升至当前的84%。科创板设立以来，IPO融资金额已占同期A股的近一半。随着京津冀、粤港澳大湾区、长三角区域一体化等国家战略深入推进，资本市场助力区域协同发展的作用日益增强。

过去这十年，正是中国资本市场激流勇进、水深鱼跃的黄金时期。合抱之木，生于毫末，成绩的背后是资本市场改革的深入推进。近年来，证监会进一步厘清科创板、创业板市场服务定位，合并深市主板和中小板，完善差异化制度安排，推进股票发行注册制改革平稳落地，以注册制改革为牵引，统筹推进资本市场基础制度建设、法治体系完善、监管转型与能力提升等重点改革任务落地见效，进一步增强基础制度的适应性包容性，持续优化市场结构和生态，更好发挥资本形成和资源配置功能，促进股权融资加快发展。

中泰证券首席经济学家李迅雷表示，中国经济已从要素驱动向创新驱动迈进，创新型企业商业模式新、技术迭代快、经营不确定性大，对融资的灵活性和包容性提出了很高要求。直接融资具有独特的风险共担和利益共享机制，与科技创新企业的高风险、高不确定性、高投入性、高回报性等特性相符，资本市场直接融资功能的充分发挥，为加快推进国家创新驱动发展战略实施注入了强大动力。

李迅雷说："企业上市后，知名度和商誉、信用等级和信贷可得性均可提高。"投行、会计师、律师、资产评估、知识产权等中介服务机构的发展壮大，带动了金融资源和专业人才的集聚，也带动了银行等机构更多地参与和支持企业融资，资本市场的枢纽功能得到了发挥，为各类资本合规发展释放出了更大的空间。

» 大力建设多层次资本市场体系

资本市场各行各业龙头企业云集，已经成为引领中国经济高质量发展的主力军。

招商银行、贵州茅台等企业与资本市场共同成长，专注主业，用真金白银回报投资者，成为投资者心目中的价值标杆；比亚迪、格力电器等企业借助资本市场发展壮大，成为同行业的佼佼者；中芯国际、天合光能等企业享受注册制改革下的制度红利，资本市场为"硬科技"插上翅膀；贝特瑞、富士达等国家级专精特新"小巨人"企业则在北交所崭露头角。这样一幅花团锦簇的"全家福"，得益于多层次资本市场体系建设的日益完备。

建设多层次资本市场的总体要求，频繁见诸党中央和国务院的重要文件。比如，党的十九大报告提出："提高直接融资比重，促进多层次资本市场健康发展。"2020年4月份公布的《中共中央国务院关于构建更加完善的要素市场化配置体制机制的意见》明确，健全多层次资本市场体系。"更好发挥多层次资本市场作用"已多次写入政府工作报告中。

监管部门牵住注册制改革这一"牛鼻子",积极推动资本市场从早期单一、分散的结构发展成为体系完整、层次清晰、功能互补的多层次架构。易会满在接受媒体采访时表示,注册制改革不仅是发行环节的改革,而且是资本市场全要素、全链条的改革,可统筹推进多层次市场建设、中介和投资端改革、健全证券执法司法体制机制等重点改革,推进关键制度创新,探索出一条中国特色现代资本市场发展道路。

2018年11月5日,习近平总书记在上海宣布"设立科创板并试点注册制",一场触及资本市场灵魂的变革拉开大幕。2019年7月22日,科创板正式开市交易。2020年8月24日,创业板改革并试点注册制顺利落地,资本市场存量改革取得突破性进展。2021年11月15日,北京证券交易所揭牌并正式开市。

方向对了,就不怕路途遥远,注册制改革的一着活棋,让多层次资本市场体系建设走上了快车道。

从0到1,从1到N,创新性制度不断落地,各项探索始终走在前沿,多层次资本市场建设站上新起点,形成了包括主板、创业板、科创板、北交所、新三板、区域股权市场在内的多层次资本市场体系。不同的板块满足着不同类型投资者的投资偏好,适应不同类型和发展阶段企业的融资需求,推动要素资源向科技创新领域集聚,让市场结构由"倒三角形"转变为"正三角形"。

安信证券研究中心总经理助理诸海滨认为,中国多层次资本市场定位清晰,初步形成了错位发展、各有特色、适度竞争的格局。科创板主要定位于支持"硬科技",创业板定位于创新创业,北交所定位于打造服务创新型中小企业主阵地,突出"更早、更小、更新"的特点,各项标准与科创板、创业板形成差异,发行、交易制度更为灵活,更加贴近中小企业的成长阶段。

南开大学金融发展研究院院长田利辉表示,注册制改革的推进贯穿多层次资本市场建设的始终。试点注册制以来，发行上市条件的包容性增强，多层次市场的板块架构和功能更加完善。科创板、创业板、北交所试点注册制改革在优化发行上市条件上取得突破，将实质性门槛尽可能转化为严格的信息披露要求，提高对企业特别是科创企业的包容性，支持中小企业、"专精特新"企业大踏步进入资本市场。

日前，北交所"转板第一股"观典防务技术股份有限公司登陆科创板，标志着我国多层次资本市场实现互联互通。转板上市制度落地，加强了多层次资本市场的有机联系，为不同发展阶段的企业提供差异化便利化服务，增强金融服务实体经济能力。

》 全面实现资本市场高质量监管

监管姓"监"，必须强化监管力度，严字当头，才能确保市场平稳健康发展。

2019年2月，习近平总书记在主持中央政治局第十三次集体学习时指出，要建设一个规范、透明、开放、有活力、有韧性的资本市场，完善资本市场基础性制度，把好市场入口和市场出口两道关，加强对交易的全程监管。"规范、透明、开放、有活力、有韧性"，这12个字饱含了对资本市场的殷殷期望。监管是主责主业，是前提，是条件。服务实体经济和保护投资者合法权益是过程，是目标。打造规范、透明、开放、有活力、有韧性的资本市场是奋斗方向，也是要努力达成的目标。

纲举目张，围绕这12个字的顶层设计，一系列政策措施密集落地，市场基础制度改革稳扎稳打推进，证监会在提高上市公司质量，加强上市公司持续监管、精准监管、分类监管，推进退市常态化方面发力，督促上市公司和大股东坚守"四条底线"，精准有效处置资本市场重点领域风险，强化注册制下证券基金期货经营机构和中介机构监管，促使各类市场主体归位尽责，持续推进市场法治建设，大幅提升违法违规成本，不断提高投资者保护水平。

2020年10月，国务院印发《关于进一步提高上市公司质量的意见》。证监会以"施工图"落实改革蓝图，把提高上市公司质量作为上市公司监管的重要目标，全面落实各项工作要求，制定完善制度规则，推进解决重点问题，处置化解公司风险，推进上市公司质量提高工作落地见效，上市公司发展进入了新阶段。特别是在完善多渠道退出机制方面，证监会落实中央深改委第十六次会议审议通过的《健全上市公司退市机制实施方案》，完善退市标准，简化退市程序，严格退市监管，畅通常态化退出机制，让退市企业数量年年攀升，创出新高。

中办、国办印发的《关于依法从严打击证券违法活动的意见》，是关于中国特色证券执法司法体制机制的顶层设计。在文件的指导下，证监会从重从快查办了一批重点类型、重要领域的典型案件。严厉打击欺诈发行、虚假信息披露、内幕交易及市场操纵等违法违规行为，维护公平的市场交易秩序。尤其是一些肆意妄为、逃避监管、影响恶劣的机构和个人受到重罚，对违法违规行为形成了更有力的震慑。对乐视网财务造假等案件已做出行政处罚；华晨债、永煤债等债券信息披露违法违规行为受到查处；首单证券纠纷特别代表人诉讼——康美药业证券虚假陈述责任纠纷一案已经启动；康得新已完成退市摘牌。

"天下大事必作于细"，细化落实中央确定的重大决策部署和改革举措，是积小胜为大胜的过程。李迅雷表示，最近几年，资本市场全面深化改革12条举措，成熟一项推出一项，高效协同的资本市场监管体系正在逐步形成，监管协调不畅、监管冗余与监管真空并存等问题得到了解决，强化分类监管，聚焦重点业务、重点机构和重要风险点的差异化监管模式，有利于资本市场的平稳健康运行。

目前，A股投资者数量已突破2亿，相当于每7个人中就有1个是证券市场投资者。资本市场改革发展稳定，直接关乎千万家庭、数亿群众的切身利益。过去十年间，投资者保护体系不断升级，2013年12月，国务院办公厅颁布《关于进一步加强资本市场中小投资者合法权益保护工作的意见》，构建了保护中小投资者合法权益的政策体系。此后，全市场统一的适当性管理体系落地，适应我国国情的证券民事诉讼制度迈出实质性步伐，资本市场诚信档案数据库建设取得积极进展，投资者保护基础制度建设日趋完善。

与此同时，证监会还加快投资端改革步伐，积极引入长期投资者，进一步发挥机构投资者作用，激发市场活力，形成投融资均衡发展、市场交易高效透明、各类投资者积极参与的市场生态，依法治市，让市场有稳定的预期，维护公平公开公正的市场秩序，站稳资本市场监管的人民立场，更好满足广大人民群众财富管理需求，不断增强投资者获得感。制定防范化解资本市场重点领域风险工作预案，守住不发生系统性风险的底线。

田利辉认为，资本市场是规则导向的市场。无论是完善资本市场诚信体系建设、建立健全立体有机的投保体系，还是加强对资本市场监管的刑检衔接，都应在加强投资者保护的同时，进一步规范资本市场的主体行为，确保行为合规。从监管的执法层面再到立法、司法层面，不断完善的投资者保护基础制度，促进了资本市场的法治制度体系建设，对整个资本市场的长久发展具有重要意义。

愈加清晰的顶层设计，重塑了中国资本市场。按照"建制度、不干预、零容忍"要求，坚持以服务实体经济为方向，通过全面深化改革，进一步夯实制度基础、市场基础和法治基础，发挥推动科技、资本和实体经济高水平循环的枢纽作用，中国资本市场必将迎来更高质量的发展，释放出澎湃动力，推动中国经济巨轮扬帆远航。

（证券时报记者程丹，原载《证券时报》2022年6月20日A001版）

奔向繁荣：资本市场这十年

资管行业十年蝶变 步入规范发展新时代

在中国的资本市场，活跃着银行理财、信托、证券、基金、保险资管、私募等丰富的机构投资者，这些生动的面孔，让资本市场大舞台精彩纷呈。

中国拥有全球第二大股票市场和债券市场，资本市场为资产管理行业提供了广泛的投资机会。而资管行业为市场提供源源不断的"活水"，同时也影响着资本市场的发展。可以说，资管行业与资本市场相互影响、相互成就。

过去十年，是中国资管行业蓬勃发展的十年，各类资管机构一手对接实体企业融资需求，一手满足居民对财富保值增值的需求，资产管理规模快速增长。

在资管行业高歌猛进的同时，也伴随着一定程度的脱实向虚与监管套利。十年中，监管部门在治理资管行业方面不断积累经验，加强协调。2017年，国务院金融稳定发展委员会（简称"国务院金融委"）设立，金融监管的顶层设计得以完善。

2018年资管新规出台，是中国资管行业的里程碑事件。此后的三年，监管部门统一尺度、步调一致，对百万亿体量的资管行业实施了一场高难度的"外科手术"，促进了金融体系的稳定，也令大资管行业由乱而治。

经历多次洗礼和锤炼，中国资管行业破而后立，以更加成熟稳健的步伐走入规范发展的新时代。

》 大资管、大时代

过去十年,是中国经济稳步向前、居民财富不断积累的时代,也是中国资产管理行业蓬勃向上的黄金时代。

2012—2021年末,中国经济总量由53.9万亿元增长到114.4万亿元,增长1.12倍。其间,居民的存款余额也大幅增长,从2012年的41.1万亿元增长至2021年的102.5万亿元,增长1.46倍。

表1 资管行业大时代　　（单位:万亿元）

	2012年末	2021年末
各类资管机构合计管理资产规模	26	130
银行理财规模	6.7	29
公募基金规模	2.6	25.56
信托资产规模	7.47	20.55
保险资管规模	6.85	23.23
证券公司及其资管子公司的受托管理资产规模	1.9	8.24

伴随经济及居民财富的增长,服务于居民财富保值增值的资产管理行业也迎来蓬勃发展。据证券时报记者统计,2012年末,各类资管机构合计管理资产规模大约26万亿元,到2021年末,这一数字增长至130万亿元,十年期间增长了4倍。

规模不是一切,但是规模有着很强的解释力。

如今坐在资管规模头把交椅的银行理财,2012年末的存续规模为6.7万亿元,到2021年末达到29万亿元;公募基金的规模在过去十年与银行理财的差距逐渐缩小,从2012年末的2.8万亿元,增长至2021年末的25.56万亿元,成为第二大资管行业。

信托业曾经是仅次于银行业的第二大金融部门。2012年末,全行业信托资产规模为7.47万亿元,2021年末增长至20.55万亿元,位列资管行业第四。保险业在2012年末管理的保险资金规模为6.85万亿元，到2021年末增至23.23万亿元。2021年末，保险资管产品的余额为3.20万亿元，其中既有保险资金，也有保险业外的资金。

2012年末，证券公司及其资管子公司的受托管理资产规模1.9万亿元，2021年末，这一数字增长到8.24万亿元。私募基金自2013年纳入证监会监管，随后获得快速发展，到2021年末，在基金业协会备案的私募基金规模为19.76万亿元。

» 繁荣的起点

中国是世界少有的储蓄大国，居民对财富保值增值有着旺盛的需求。早期居民投资理财的方式有限，在很多人的眼里，"投资"便等同于买股票、买基金。

20世纪90年代，证券业和基金业扮演了中国资管行业的开路先锋。1995年，央行批准证券公司从事资产管理业务；1998年3月，我国首批封闭式基金——基金金泰、基金开元成立。

伴随股市的风风雨雨，股民和基民在一次次风险教育中走向成熟，成为最早尝到"高风险高收益"滋味的投资者。而对于大多数居民，财富仍以储蓄的形式沉淀在银行账户。

居民储蓄转道进行理财投资，在2011年发生了明显的变化。这一年，央行连续7次上调存款准备金率，资金头寸变得紧张的银行，通过扩大理财产品的发行规模，以较高的收益率吸引资金流入。银行理财产品竞相发行，催生了部分存款资金不停地"搬家"，在不同银行、不同理财产品中腾挪，寻求更高的收益率。

2012年底，我国银行理财产品存续3.1万款，平均收益率为4.32%，而当时一年期定存利率的上限是3.575%。到2013年，银行理财平均收益率上涨至4.51%，市场上不少理财产品收益"破六奔七"。2013年末，有股份制银行推出96天的产品，预期年化收益达到7.6%，创下当年新高。

在这样的背景下，银行理财产品开始崛起，并成为资管第一大行业。

伴随居民投资理财意识的提升，证券、基金、银行理财等产品成为越来越多居民的资产配置品种。但2012年之前，我国资管产品同质化、投资范围单一、投资收益随着股市大幅波动，难以满足居民多样化的财富管理需求。受制于投资范围狭小等原因，我国社保基金、养老金、保险资金也面临着保值增值挑战。

发展资产管理行业成为迫切的需要。资管行业能以市场方式募集社会资本，将金融资源配置到实体经济最需要的环节，对以银行为主的间接融资体系形成补充，有利于建立多元、包容的金融生态，助力企业解决融资难题，同时避免风险过于集中在银行体系。

2012年初，第四次全国金融工作会议召开，提出了"坚持金融服务实体经济""坚持市场配置金融资源的改革导向"，奠定了此后一段时间金融领域的市场化改革方向。

2012年下半年，中国资管行业迎来了"放松管制、加强监管"的春天。证监会修订和出台了针对证券公司、基金公司、期货公司及其子公司开展资产管理业务的一系列新政，简化审批流程，扩大投资范围，丰富产品种类，鼓励创新发展。

2012年6月，中国基金业协会的成立，标志着私募基金迎来发展新机遇。时任证监会主席郭树清在基金业协会成立大会上表示："中国有80万亿银行存款，如果分流一半，无疑会造就一个规模十分可观的财富管理行业。更重要的是，社会融资结构大为优化，实体经济能够从中获得恒久的好处，虚拟经济也会增强抵抗危机传染和扩散的能力。"

同期，原保监会也出台了为保险资金松绑的"投资新政13条"，将险资投资范围从过去的国债、协议存款等有限品种，扩大到银行理财、信托、私募股权、股指期货等几乎全品类的投资工具。在保险资金委外新规中，明确了保险业和证券、基金、银行、信托行业的合作规则，为保险资产管理公司加入"资管阵营"扫清了障碍。

2012年金融监管政策的"松绑",极大地支持了直接融资体系的发展,各类资管机构纷纷从自身特点出发,瞄准资管市场上的空白,丰富产品供给,从不同维度满足了实体经济融资和居民财富管理的需求。

在整体的政策鼓励下,银行理财、基金、信托、证券资管、保险资管、私募等各大资管行业,迎来连续多年的大发展,并呈现出前述数据的大幅增长。

» 资金池与通道业务扩张

不过,资管行业"松绑"带来市场繁荣的同时,也伴生了一些问题。

自2008年金融危机后,影子银行的风险受到全球关注,我国监管部门也将影子银行列为重点监控对象。在监管部门看来,大资管行业里也存在大量影子银行活动,最大的源头便是银行理财产品。

银行理财在居民眼里属于"低风险、高收益"的产品,这背后与其"资金池"运作方式密切相关,这正是影子银行的典型特征。

"资金池"是当时银行理财产品运作的主流形态,银行将发行的多款理财产品募集的资金汇集到一个大池子,对池子进行统一管理。资金池所投资的资产多种多样,利用资金与资产的期限错配赚取溢价,再借助循环发行,力保资金池的流动性以及理财产品的到期兑付。央行在2013年第一季度货币政策执行报告中提到,银行表外理财产品中超过50%为资金池产品。

资金池的风险不容忽视。2012年下半年,时任中行董事长肖钢就发文指出:"银行业的财富管理(以理财产品为主)蕴含较大风险,尤其是'资金池'运作的产品,银行采用'发新偿旧'来满足到期产品的兑付,本质上是'庞氏骗局'。"

资金池模式最早源自信托资金池,而伴随银行理财资金池的大发展,也带动了银行业与信托业的互动——银信合作。首先是居民购买银行理财产品，形成银行理财资金池；之后，信托公司发行信托计划，银行理财的资金则认购信托计划；信托计划获得来自银行理财的资金后，再转借给资金需求方。银信合作是早期资管产品嵌套及通道业务的表现形式。

2013年，国务院发文加强影子银行监管，规定"商业银行不得开展理财资金池业务"；2014年，原银监会针对信托公司发布风险监管的指导意见，规定"信托公司不得开展非标准化理财资金池等具有影子银行特征的业务"，集中清理资金池业务。

2012年下半年以来，证监会及原保监会的系列资管新政，拓宽了证券、基金、保险、期货等金融子行业的业务范围，影子银行出现了新苗头：从银信合作转向银证合作、银基合作，通道则从信托转向券商资管、基金子公司。

以银证合作为例，券商接受银行委托发起定向资管计划，投资银行票据、委托贷款、收益权转让等资产，帮银行贷款由表内转为表外。2012年，券商资管规模不到2万亿元，至2018年"资管新规"出台前夕，规模已接近17万亿元。

基金子公司的"专项资产管理计划"与信托公司的单一信托与集合信托计划的投资范围相似，成为银信合作的替代品。基金公司子公司于2012年底陆续设立"专项资产管理计划"，定性为私募，自2013年起步，不到三年的时间规模便突破10万亿元。

从银信合作到银证合作、银基合作，反映了大资管领域通道业务的盛行，而通道业务的盛行，则加剧了各类资管产品之间的多层嵌套，以及借助多层嵌套实现的加杠杆行为。这些做法助长了资金脱实向虚，比如流向场外配资、上市公司大股东股权质押、房地产等政策管制的产业，以及回报更高的互联网消费贷、现金贷等领域，使得风险在部分领域内集聚。

2015年股市异常波动等相关风险事件对全市场具有强烈的警示意

义，也引起了监管部门的高度重视，监管部门开始意识到，资管产品在分业监管下的监管套利隐患重重。

» 资管新规瓜熟蒂落

面对花式的监管套利，监管部门已经认识到，过去"谁的孩子谁抱走"的分割式监管，容易陷入被动局面，只有统一尺度，联合监管，才能有效打击部分市场主体的套利行为。

其实，这种意识在2014年4月由人民银行、原银监会、证监会、原保监会和外汇局五部门联合发文的《关于规范金融机构同业业务的通知》（127号文），就已经有所体现。

2017年7月，第五次全国金融工作会议召开。习近平总书记在会议上强调，紧紧围绕服务实体经济、防控金融风险、深化金融改革三项任务，完善金融市场体系，推进构建现代金融监管框架。

第五次全国金融工作会议上，宣布设立国务院金融委，这是我国金融改革与发展历史进程中的大事件，金融监管的顶层设计得到确立。

国务院金融委的成立，为协调金融监管部门、统一监管尺度奠定了制度基础，也加速了资管行业大一统"资管新规"的出炉。

2018年4月27日，备受关注的《关于规范金融机构资产管理业务的指导意见》（俗称"资管新规"），由人民银行、银保监会、证监会、外汇局共同发布。这份文件虽然在2017年就已公开征求意见，正式发布后仍引起不小震动。

作为多部门联合发布的规章，"资管新规"首次从"全面覆盖、统一规制"出发，实行公平的市场准入和监管，最大限度地消除监管套利空间，切实保护金融消费者合法权益。

"资管新规"从募集方式和投资性质两个维度，将资管产品分为公募和私募，分别统一投资范围、杠杆约束、信息披露等要求。新规明确，资管业务实施净值化管理，不得承诺保本保收益，打破刚性兑付；继续严格非标资产投资的要求，禁止资金池；规定资管产品之间嵌套不得超过两层，且禁止通道类业务。

"资管新规"是中国资管行业划时代的指南，是监管部门在掌握资管行业内在规律之后做出的制度设计。新规在机构监管的基础上，融入功能监管、行为监管，对我国金融行业的分业监管形成有效补充，成为现代化金融监管体系的重要组成部分。

资管新规发布后，各资管子行业配套细则陆续发布。

» 蝶变：大资管迈向新生

"资管新规"给予行业 2 年过渡期，后因疫情延迟一年至 2021 年末。市场主体经历了等待—观望—放弃幻想的历程后，终于进入规范冲刺阶段。

"资管新规"涉及最庞大的工程，是银行理财的转型。其中，清理资金池、信贷资产回表、保本理财压降、产品净值化转型均是大动作，每一步都需要在控制节奏、防范风险的前提下平稳转换。最终，六大国有大行率先动身，扛下了作为大型金融机构的行业责任。随后股份制银行、中小银行应声而动，陆续完成整改。

按照"资管新规"，属于表外业务的银行理财，必须与母行隔离开来，以实现和表内业务的风险隔离。2018 年 12 月，首批银行理财子公司获批，随后理财公司数量快速增加，目前已有 29 家银行理财子公司获批筹建，27 家正式开业。

银行理财的顺利过渡，对影子银行体系的清理功不可没，中国金融业风险最终实现了收敛可控。

此外，按照资管新规精神，券商资管积极压缩通道业务、转向主动管理，在 3 年时间里，管理规模从 17 万亿元降至 7 万亿元，下降近

60%；基金子公司的规模也快速压降，至2021年末，降至2.3万亿元，较峰值降幅超过75%。

从宏观上看，资管新规实施后，基于银行理财资金池的清理，以及信托、证券资管、基金子公司相关通道、多层嵌套业务的压降，整个大资管行业的整体规模实现阶段性下降，从新规前2017年末的118万亿元降低至2019年的107万亿元。这下降的部分，一定程度上可以看作挤掉了多层嵌套形成资金空转、脱实向虚带来的"水分"。

2021年末，"资管新规"过渡期结束，资管行业重新步入上升通道，管理规模创下历史新高。据光大银行与波士顿咨询合作发布的《中国资产管理市场2021》，2021年底，中国资管市场规模达到134万亿元，同比增长11%，充分彰显了"资管新规"促进行业健康、可持续发展的引领力和前瞻力。

众所周知，金融市场对外部冲击高度敏感，市场主体之间风险交叉传染性强，往往牵一发动全身。对百万亿规模的大资管市场实施整顿，其复杂程度堪比"拆弹"，不亚于一场"大型外科手术"。监管者以其决心、智慧和勇气，以时间换空间，成功化解了潜在风险。

2021年9月17日，国务院金融委办公室秘书局局长陶玲在"2021中国资产管理年会"上表示，2021年底"资管新规"过渡期正式结束，2022年开始将是资管行业的"蝶变期"。

"'资管新规'出台前，一直没有回答好的问题是，资管行业是为谁服务的？在实践中，银行理财、信托公司、证券公司等资管机构，往往为融资方需求考虑，从融资方角度设计产品、募集资金，形成投资融资化，偏离了'受人之托，代人理财'的定位，偏离了对广大居民的服务。"陶玲表示，资管行业回归本源，要成为广大居民的财富管理者，自觉坚持委托人利益至上，履行诚信、尽责的受托责任。

图1　高质量资管行业五个衡量标准

在她看来,高质量资管行业有五个衡量标准,分别是:做好实体经济的直接融资提供者,做好广大居民的财富管理者,做好资本市场的稳健投资者,做好金融体系的活力竞争者,做好严监管的受益者。

过去十年,中国资产管理行业经历多次洗礼和锤炼,从懵懂走向成熟。未来,在高质量发展的道路上,从业者仍需加倍努力,砥砺奋进,为资本市场和实体经济贡献力量。

(证券时报记者潘玉蓉,原载《证券时报》2022年8月25日A001版、A004版)

02

制度建设篇

贰　制度建设篇

制度建设抓铁有痕　资本市场生态全面改善

过去的十年，资本市场用制度促改革，在改革中发展，在开放中进步，在合作中共赢，全面深化改革深深嵌入市场肌理。

资本市场成为经济高质量发展的重要推手，肩负经济结构调整和增长方式转变的重要责任。千钧重担挑得起来，走得扎实，完善制度建设是首要抓手。

制度建设千头万绪，关键点有二：对内改革、对外开放。对内改革核心是把好入口关，畅通出口关，加强对市场全程监管；对外开放是促进互联互通，扩大市场准入，全面融入国际市场。决策层思路清晰，持续改革股票发行制度，不断推进常态化退市举措，逐步完善立体化零容忍追责体系，始终保持高水平制度型双向开放。方方面面的制度建设落地见效，共同实现中国资本市场近年的成长与蜕变。

» 注册制改革触及灵魂

源头活水滚滚而来，有赖于资本市场入口关的顺畅。十年来，新股发行制度经历多次改革，其间几多曲折。伴随着股指的涨涨跌跌，新股发行多次按下暂停键。"新股发行制度究竟要怎么改"长萦耳畔，市场无形之手和父爱式监管激烈博弈，新股发行市场化之路走得并不轻松。

但方向对了，就不怕路远。让市场的归市场，监管的归监管，成为新股发行制度改革的指路明灯。近年来，监管部门面对复杂的国际环境和国内资本市场的特点，保持市场化改革定力，将新股发行常态化与市场涨跌脱钩，不再纠结于"要不要暂停新股发行以稳定市场"，新股发行始终保持常态化，支持不同类型企业通过股票市场和交易所债券市场发展壮大，对疏通实体经济发展"血脉"发挥着积极作用。

表1 沪深交易所股票市场规模

序号	指　标	2012年	2021年
1	上市公司家数	2494家	4615家
2	主板	1438家	3148家
3	创业板	355家	1090家
4	科创板	70家（2019年）	377家
5	总市值	230357.62亿元	916088.18亿元
6	流通市值	181658.26亿元	751556.13亿元
7	流通市值占比	78.86%	82.04%
8	沪市总市值	158698.44亿元	519698.34亿元
9	沪市流通市值	134294.45亿元	435466.31亿元
10	沪市流通市值占比	84.62%	83.79%
11	深市总市值	71659.18亿元	396389.84亿元
12	深市流通市值	47363.81亿元	316089.82亿元
13	深市流通市值占比	66.10%	79.74%

数据来源：中国证监会

表2 股票市场发行情况

序号	指　标	2012年	2021年
1	IPO融资	1034.32亿元	5351.47亿元
2	再融资额	3508.07亿元	10049.31亿元
3	定向增发融资	3387.07亿元	9555.95亿元
4	配股融资	121.00亿元	493.36亿元

数据来源：中国证监会

表 3　股票市场交易情况

序号	指　　标	2012 年	2021 年
1	沪深两市日均成交金额	1294.58 亿元	10616.19 亿元
2	换手率	180.55%	373.21%
3	市盈率	15.04 倍	21.83 倍
4	投资者数量	7294.36 万 （2014 年）	19740.85 万

数据来源：中国证监会

表 4　交易所债券市场情况

序号	指　　标	2012 年	2021 年
1	交易所债券市场发行金额	2786.91 亿元	8.70 万亿元
2	交易所债券市场托管面值	12456.25 亿元	186756.27 亿元
3	存量债券数量	1170 只	24586 只
4	公司债券数量	365 只	11908 只
5	可转债数量	23 只	423 只
6	地方政府债券数量	3 只	3294 只
7	国债数量	122 只	289 只
8	企业债数量	554 只	2074 只
9	政策性金融债数量	0 只	33 只
10	净融资额	2431.18 亿元	50645.17 亿元

数据来源：中国证监会

表 5　期货与衍生品市场规模

序号	指　　标	2012 年	2021 年
1	期货期权品种	31 年	94 个
2	期货市场资金总量	1904.68 亿元	12607.04 亿元
3	期货市场成交量	14.50 亿手	72.69 亿手
4	期货市场成交金额	171.12 万亿元	580.71 万亿元
5	期货投资者数量	71.73 万	205.27 万

数据来源：中国证监会

过去十年间，IPO家数从2012年的156家增长到2021年的481家，融资额也从2012年的1034亿元攀升到2021年的5351亿元，IPO家数和融资额在去年创下十年新高。与此同时，资本市场估值体系也在发生变化，曾经风光的绩差题材股频频爆雷，新股破发数量变多，债券市场刚性兑付打破，原本受宠的壳股价值面临重估。

这些变化背后，是各方对"暂停IPO于市场发展无益"的广泛共识，是监管部门"咬定青山不放松"的改革定力。在2021年中国发展高层论坛年会上，中国证监会主席易会满表示，证监会按照优化服务、加强监管、去粗取精、压实责任的思路，充分运用市场化法治化手段，积极创造符合市场预期的IPO常态化。

常态化的IPO方向为股票发行注册制在全市场的逐步推广奠定了基础，这是一场触及灵魂的改革，只有改变股票发行过程中市场无形之手与政府有形之手的博弈关系，才有可能跳出新股发行频繁暂停的历史周期律。

2013年，党的十八届三中全会审议通过的《中共中央关于全面深化改革若干重大问题的决定》中明确提出"推进股票发行注册制改革"。2018年11月注册制改革正式启动，随后，证监会发布《关于在上海证券交易所设立科创板并试点注册制的实施意见》，在此基础上，证监会制定《科创板首次公开发行股票注册管理办法》及其系列配套规则，并由上交所发布科创板股票发行上市审核问答，共同建立起科创板试点注册制的制度体系。

注册制由科创板处起手落子，积累一定经验后向创业板延伸，目前推广到整个市场的条件已基本具备。注册制以充分信息披露为核心，增强市场包容性，真正把选择企业的权力交给市场，让市场之手遴选企业，市场博弈形成价格，市场决定发行节奏，资本市场的资源配置效率有效提升，资本市场服务科技创新的短板终于补上。在注册制改革这一"牛鼻子工程"的带领下，一系列基础制度改革也随即展开：灵活、有弹性的股权激励，创新的非公开询价转让，与时俱进的并购重组、再融资制度，便捷的小额快速审批……每一项关键制度的创新都释放出市场的新活力。

从实践来看，注册制下企业发行上市效率明显提高，上市公司整体质量也在稳步提升，2021年登陆A股市场的企业中，近七成通过注册制方式发行。证监会副主席李超在2020金融街论坛年会分论坛上表示，注册制的基本内涵是处理好政府与市场的关系，厘清市场各参与主体的权责关系。注册制带来了更多源头活水，特别是"硬科技"企业、创新创业企业有了更多的上市机会。

"注册制下，发行定价、上市交易、再融资等环节市场化程度均逐渐提高，买方与卖方的博弈更充分了，市场挑选与定价约束已经开始显现。"一位华南地区证券公司的投行人士表示，注册制还重新定义了市场、审核与监管的关系，促进各类市场主体各归其位，各尽其责，尤其是中介机构，被赋予了更多的使命和责任，行业生态也因此改变。券商跟投制度、全过程的监管视野、严苛的问责机制，都在推动着中介机构由主要服务发审、博弈闯关，转向服务发行人与投资者，这对投行的价值发现能力提出了更高要求。

如何让资本的"新鲜血液"流向实体经济的"毛细血管"？我国资本市场在更好服务创新型中小企业的路上步伐坚实。新三板自2013年成立以来，进行了一系列制度创新。分层管理机制初步实现了对中小企业的梯度培育，吸引了一批"小而美"的优质中小企业挂牌交易。在此基础上，2021年，面向"专精特新"的北交所应运而生，为中小企业引来资本活水，让这条"金融通渠"更管用、更"解渴"。

针对创新型中小企业创新风险大、不确定性高、周期长等特点，北交所优化上市条件，丰富创新评价维度，提高制度的包容度；针对创新型中小企业融资难、对骨干人才依赖度高等特点，持续优化长期资金入市机制、"小额、快速、灵活、多元"的发行融资制度、股权激励制度和差异化表决权制度等，促进形成发行人、管理层、技术人才、投资者和谐共赢生态。一系列创新的制度设计，体现了北交所为中小企业贴身服务的初心。

川财证券首席经济学家、研究所所长陈雳表示，北交所开市以来，针对中小企业特点，突出制度特色，与沪深交易所协调发展、协同发展、错位发展，基础制度建设不断完善和优化，短时间内改革效应持续释放，市场生态发生积极变化。随着上市公司数量的增多，多元化交易制度的完善，市场流动性和估值定价能力的提升，北交所将成为我国资本市场上创新型中小企业"晴雨表"。

» 疏浚出口关　退市实现常态化

流水不腐，户枢不蠹。入口关和出口关同步优化，才能进一步提升市场活力，提高资源配置效率。

过往多年，退市一直是资本市场的老大难问题，原因包括退市制度不尽合理、退出渠道较为单一、市场约束机制尚未形成、各方认识不够统一、退市阻力大等。说到退市，各方都明确表态要支持，可一旦落实到个案，重重阻力就来了。上市公司使出浑身解数规避退市，各路资本和地方政府投入资源拯救公司。不少投资者愿意为那些"乌鸡变凤凰"的故事买单，花样保壳也就有了成功的可能。

前海基金首席经济学家杨德龙表示，与成熟市场相比，我国证券市场的年均退市率仍然偏低。一些已经丧失持续经营能力的公司长期滞留资本市场，严重制约资源配置效率；一些严重违法违规的公司没有及时出清，扰乱了市场秩序。加快出清这类公司有助于实现资源的合理有效配置，推动结构调整和产业升级，进而提高上市公司的整体质量。

资本市场的短板要靠制度建设来弥补。2020年10月9日发布的《国务院关于进一步提高上市公司质量的意见》，将健全退出机制作为提高上市公司质量的一项重要任务，要求完善退市标准，简化退市程序，加大退市监管力度。

易会满在中国资本市场建立30周年座谈会上发表讲话时强调，要以注册制和退市制度改革为重要抓手，加强基础制度建设，进一步畅通多元化退出渠道，强化优胜劣汰。

2020年的最后一天，被称为史上最严的退市新规正式落地，畅通市场"出口"步入凝聚合力新阶段。退市新规一方面完善重大违法"造假金额+造假比例"退市指标，与此前认定标准共同组成更为完善、更为严密、更具威慑力的重大违法强制退市指标体系，强化警示和出清作用；另一方面，设置了营业收入扣除标准机制，营收扣除中关于新增贸易收入、非稳定业务模式等复杂收入扣除项目，精准打击壳公司，让处于退市边缘的空壳公司难在营收上耍花招。

制度好不好，实践来检验。今年以来，已有45家上市公司触及退市指标，这一数据约是去年全年退市数量的两倍，一批*ST、ST个股股价出现大幅下跌，市场估值正在走向新的均衡，质高者价优，质劣者价低。制度建设四两拨千斤，退市迎来柳暗花明。

南开大学金融发展研究院院长田利辉表示，退市新规的严格实施，对冲击财务退市标准者并不法外开恩，常态化退市机制正在逐渐形成，退市渠道逐渐畅通，"应退尽退"的理念逐步得到认可，有进有出、优胜劣汰的市场新生态逐步构建。

当然，上市公司退市并不是"一退了之"，在退市过程中，监管部门不断探索加强投资者保护。全国首例证券集体诉讼从法律条文走向实践，先行赔付、责令回购等制度落地，在不断完善的示范判决、多元纠纷化解机制，推动修改证券期货犯罪案件刑事立案追诉标准，持续优化重新上市制度等一系列举措的支持下，A股市场"退得下""退得稳"的新局面正在形成。

» 从严打击违法违规　净化市场生态

资本市场改革越深入，打击市场乱象的任务就越重。

易会满在2021年中国发展高层论坛年会上表示，监管就是要创造良好生态，维护公开公平公正的市场环境，让各方都愿意来、留得住。一方面，强化"零容忍"的震慑，让做坏事的人付出惨痛代价；另一方面，加快推动市场各方归位尽责。

过去十年间，证监会稽查执法部门办理的案件数以千计，2021年共办理案件609起，其中重大案件163起，涉及财务造假、资金占用、以市值管理名义操纵市场、恶性内幕交易及中介机构未勤勉尽责等典型违法行为。证监会依法向公安机关移送涉嫌犯罪案件线索177起。总体看，案发数量连续3年下降，证券市场违法多发高发势头得到初步遏制。

特别是2021年7月，中办、国办联合印发《关于依法从严打击证券违法活动的意见》，完善了中国特色证券执法司法体制机制的顶层设计，证监会贯彻落实《关于依法从严打击证券违法活动的意见》要求，成立打击资本市场违法活动协调工作小组，加强大案要案惩治和重点领域执法，从严打击证券违法活动。高压之下，A股一批大案、要案的惩治发挥出了强大的威慑作用。证监会对财务造假、操纵市场、内幕交易等违法违规行为的打击也更为精准。

一批上市前即开始业绩造假，上市后实际控制人还操纵公司股价的上市公司被惩处，乐视网、康得新、康美药业等重大违法违规事件的相关责任方已受到惩治。那些与上市公司内外勾结，利用资金、持股优势集中拉抬股价，牟取短期价差的操纵团伙，引诱中小股民高价接盘，按接货量单分取收益的股市"黑嘴"，为盘方提供资金支持，按照一定比例抽取利息的配资中介也被追究行政、刑事责任。还有在并购重组、新股发行、控制权变更等重大资本运作信息中进行内幕交易的违法者被处罚。在首次公开发行、年报审计、并购重组、债券发行、精选层转板等业务环节未能勤勉尽责的中介机构被立案调查，涉及会计师事务所、证券公司、资产评估机构、律师事务所等。这些案件的一一惩处切实提高了违法成本，净化了市场生态。

杨德龙认为，对违法违规行为"零容忍"，对营造"三公"市场环境，提高 A 股上市公司整体质量，起到了很大的作用。严厉打击这些损害投资者利益的行为，是推动 A 股市场走向成熟的重要方面。

"对上市公司而言，需树立起对法律的敬畏之心，坚持依法合规经营；对中介机构而言，要做到归位尽责，切实担负起市场'看门人'的角色；对投资者特别是机构投资者而言，也要严守底线，戒绝操纵市场、内幕交易等违法行为。"杨德龙指出，从长远看，只有通过贯彻"零容忍"要求，夯实资本市场法治和诚信基础，提高证券执法司法效能，塑造全新市场生态，才能有效防范化解各类金融风险，为资本市场高水平双向开放提供安全保障。

» 打开大门　推动高水平对外开放

开放的大门，一旦打开就不会关上。随着中国经济进一步融入全球，扩大资本市场开放已成必然之势。

在 2019 年 4 月举行的中日资本市场论坛上，易会满提出，证监会会同市场有关各方，加快推进资本市场改革开放，将以更加积极务实的态度，加强与各国资本市场的开放合作，以开放促改革，努力建设规范、透明、开放、有活力、有韧性的中国资本市场。

事实反复表明，开放的脚步不会停歇，中国资本市场正在并且仍将坚定不移推进高水平制度型双向开放。

十年来，中国资本市场双向开放取得了诸多实质性成果。MSCI、富时罗素及标普道琼斯等国际指数公司，相继将中国 A 股纳入其指数体系，并逐步提升纳入因子；证券、基金、期货三大领域的外资股比限制分步骤全面放开，促使更多外资机构"落子"中国。

互联互通方面，沪伦通机制对内拓展到深交所，对外拓展至德国、瑞士；香港市场推出A50股指期货，沪深港通启动并不断完善，科创板上市公司和在港上市的生物科技公司纳入沪深港通标的，沪港ETF互通落地，原油、棕榈油期权成为首批对外开放商品期权。

与此同时，红筹企业境内上市条件也进一步优化，监管机构强化中概股问题处置，及时回应市场关切，积极致力于推进国际监管合作。

证监会副主席王建军在接受采访时表示，证监会将推出更多扩大资本市场开放的务实举措。包括优化拓展境内外资本市场互联互通，拓宽沪港通和深港通的标的范围，拓展和优化沪伦通机制，推动上市公司互联互通存托凭证的发行上市。推动实施企业境外上市监管新规，支持各类符合条件的企业境外上市。丰富跨境投资和风险管理的产品供给，推动境外机构投资者参与交易所债券市场的制度落地，稳步扩大商品和金融期货国际化品种。加强开放条件下的监管能力建设，深化与境外监管部门合作，加强与国际投资者沟通，为我国资本市场高水平开放构建良好的、可预期的国际环境。

坚定不移扩大资本市场对外开放，是基于当前国内外形势的主动和必然选择。过去十年，中国经济在市场化、法治化、国际化的进程中实现了高速发展。当前，中国经济从高速增长转向高质量发展，更需要通过开放促进国内国际"双循环"，更好服务经济社会高质量发展大局。资本市场双向开放，是国家经济、金融市场开放的重要组成部分。

招商基金研究部首席经济学家李湛表示，全球资产配置是居民追求"收益—风险"优化的必由之路。开放资本市场有助于更好实现市场的价格发现功能，提高资源配置效率；开放的资本市场有助于引入长期、低成本资金，并带来技术转移。开放意味着与全球市场的联系、联动也会加强，遭遇国际政治、经济方面的"黑天鹅"事件时，资本市场可能会在短期内受到扰动、走势有所偏离，但长期来说，开放对中国资本市场的好处是毋庸置疑的。

更重要的是，扩大开放可以让中国资本市场早日迈向成熟。田利辉表示，开放能够带来诸多正面效应，包括倒逼资本市场的改革、改善A股散户市场属性和提升其服务实体经济的效率等。以促进国内投资者理性投资、价值投资为例，随着A股不断开放引入外资，机构投资者话语权显著提升，将改变当前A股市场散户交易占比过高的现状，减少市场非理性行为。

走过千山万水，仍需跋山涉水。资本市场的制度建设永远在路上，市场化、法治化、国际化是航标，规范、透明、开放、有活力、有韧性是灯塔。借助于制度创新的保驾护航，资本市场高质量发展的"关键一跃"就在眼前。

（证券时报记者程丹，原载《证券时报》2022年6月24日A001版）

奔向繁荣：资本市场这十年

法治化开启新局　护航资本市场高质量发展

治国凭圭臬，安邦靠准绳。资本市场的高质量发展，离不开法治建设的保驾护航。

过去十年，资本市场基本形成了一套以新《证券法》《证券投资基金法》《期货和衍生品法》等法律为核心，以相关行政法规、司法解释、部门规章等为主干，交易所业务规则等为配套的，具有中国特色的资本市场法律法规体系。同时，资本市场稽查执法水平不断提升，证券执法司法体系不断完善，投资者保护力度不断加强，市场诚信建设不断优化。

资本市场法治建设进入了快行道，注册制等重大改革在法治轨道上稳步推进，形成了改革措施于法有据、良性互动的生态。证券执法司法体系在证监会与最高法、最高检、公安部的协作配合下，建立起了包括行政惩戒、民事赔偿和刑事处罚在内的立体化资本市场追责体系，显著提高了证券违法犯罪成本，进一步畅通了投资者权利救济渠道，明显改善了资本市场秩序。

法治兴则市场兴，法治强则市场强。在法治兴与市场兴的因果链条中间，是依法治市的落地生根，是内外部多重因素的协同共振，是市场各方的合力支持，也是广大投资者由获得感增强而带来的投资信心的提升。多位接受证券时报记者采访的市场人士表示，当前资本市场法律体系"四梁八柱"基本建成，对于证券市场违法犯罪刑事处罚力度逐步增大，已经形成了"不敢违"和"不想违"的市场共识，资本市场法治建设开启了新局面。

贰　制度建设篇

» 法治化建设蹄疾步稳

时速 350 公里的高铁，除了强劲的驱动力外，还需要轨道的保障和引导。高质量发展中的资本市场需要法律的准绳划定合规和违规的行为边界，维护市场的公开公平和公正。

近年来，随着新《证券法》《证券投资基金法》《期货和衍生品法》等资本市场相关法规的落地，资本市场法治建设成果丰硕。截至 2022 年 7 月底，与资本市场相关的法律、行政法规、司法解释以及规范性文件，已有两千余件，资本市场总体上实现了有法可依、有章可循的法治现状，支持和保障了资本市场各项改革的顺利开展。

特别是新《证券法》下注册制的实施，激活了资本市场发展的一池春水。三年时间里，资本市场投融资生态环境发生了积极的变化。从融资端看，一批优质企业通过新股发行注册制的通道进入到资本市场，首家红筹企业、首家同股不同权企业的成功上市，弥补了 A 股市场上市公司形式多样性的空白，A 股 IPO 公司家数及募资总额频创新高，直接融资比重上升明显。

从投资端看，监管层引导更多中长期资金入市，包括优化公募基金注册机制，大力发展权益类基金，修订发布 QFII、RQFII 监管规则，不断完善沪深港通机制，推动提高 A 股纳入国际主要指数的比例等，源头活水连绵不绝地滋润着资本市场和实体经济。

随着注册制改革分步骤在全市场推行，发行承销、交易、持续监管、压实中介机构责任、投资者保护等领域均迎来关键制度创新，资本市场基础性制度建设全面加强。中国社科院法学所商法室主任陈洁表示，新《证券法》的实施为注册制在市场化、法治化的框架内顺利推行提供了法律保障，监管层加大对违法违规行为的处罚力度，为各项改革的实施保驾护航，提高了市场的规范性、透明度、开放度，保护了投资者的合法权益。

如果说注册制改善了资本市场近几年的市场生态，而早在2013年就实施的新《证券投资基金法》，已经让公募行业发生了翻天覆地的变化。彼时公募江湖引入了保险资产管理公司、证券公司、私募证券基金等新的冲浪者，打开了一片"蓝海"，监管部门同步优化公募牌照制度，推进基金投顾试点，强化基金销售要求，加大基金品种创新力度，这一系列举措，让公募基金行业过去十年行稳致远，资产规模从2012年的2.86万亿上升到2022年7月的近27万亿，增长规模超过8倍。

从全球排名看，中国公募基金也踏上了新台阶。美国投资公司协会数据显示，截至2021年末，中国公募基金规模仅次于美国、爱尔兰、卢森堡，位居全球第四，在亚太地区排名第一。

"公募产品愈发受到投资者热捧，价值投资理念给研究力量强大的基金行业，带来了发展良机。"南开大学金融发展研究院院长田利辉表示，基金行业在《证券投资基金法》的引领下迎来规范发展，其工具化属性和大容量特征为经济体发展注入活力，加之权益资产内在风险收益比在改善，居民可投资资产风险收益属性正常化，已经成为普通投资者财富保值增值的首选。

资本市场立法的最后一块"拼图"，在今年8月补上。《期货和衍生品法》的正式实施，解决了长久以来期货和衍生品市场规则层级较低的问题，补足了中央对手方、结算最终性、单一协议原则、终止净额结算等相关金融、民事基本制度，夯实了期货和衍生品市场发展的法治基础。同时，将场外衍生品交易纳入了调整范围，将单一协议原则、终止净额结算、履约保障、交易报告库等衍生品交易的基础制度通过法律形式明确下来，为场外衍生品市场的健康发展提供了扎实的法律依据。

无规矩不成方圆，无五音难正六律。持续多年的法治建设为资本市场打下了坚实的地基，为市场的全面深化改革和平稳运行发挥了保驾护航的重要作用。田利辉表示，"良法善治"之下，公开、公平、公正的A股市场正在不断地聚拢人气，持续地增强韧性与活力。

》 对违法违规行为保持"零容忍"

风平浪静好行船。只有严肃市场纪律，净化市场生态，保持市场运行总体稳定，资本市场深化改革创新才能顺利推进。

过去十年间，资本市场对违法违规行为"零容忍"，持续加强证券执法力量，突出重点案件办理，形成案件分类分层分级管理的执法格局，优化稽查执法和日常监管"总对总"的案件线索移送机制，完善公司机构类、异常交易类案件线索发现机制，突出对重大案件线索的及时发现、精准锁定和快速查处，提升稽查部门查办重大案件的效能。

一方面，部署专项执法行动，严厉查处欺诈发行、虚假陈述、内幕交易、"老鼠仓"、操纵市场等重大案件，加大对发行人控股股东、实际控制人、董监高等的追责力度，严肃追究中介机构及其从业人员协助造假的法律责任；另一方面，加强对重点领域的执法，坚决取缔非法证券经营机构，清理非法证券业务，打击非法证券投资咨询活动，加大对场外配资监测和打击力度，强化对债券市场各类违法行为的统一执法，加大对私募领域非法集资和侵占、挪用基金财产等行为的刑事打击力度等措施。此外，借助大数据优势和信息技术手段，提升线索发现的精准度，提高调查取证效率，增强案件管理信息化水平，加强对违法犯罪态势的分析，为稽查执法装上了"探头"和"牙齿"。

最近几年，证监会严肃查处了欣泰电气、雅百特、九好集团、康得新、康美药业等多起重大案件，并"一案多查"，对涉案的中介机构、市场人士毫不手软，督促中介机构切实履行"看门人"职责。一批内外勾结、操纵公司股价的恶性操纵市场的案件被有力打击，鲜某、任某成、朱某军、廖某强等操纵市场累犯惯犯受到了严惩。多起涉及并购重组、新股发行、控制权变更等重大资本运作信息的内幕交易案件被顶格处罚。

仅2021年一年，证监会就办理了案件609起，罚没款金额45.53亿元。其中重大案件163起，涉及财务造假、资金占用、以市值管理名义操纵市场、恶性内幕交易及中介机构未勤勉尽责等典型违法行为。依法向公安机关移送涉嫌犯罪案件线索177起，同比增长53%。

北京金诚同达（西安）律师事务所主任方燕表示，一批市场影响恶劣的大案要案被查处形成了强大的震慑效应，向市场传递了强烈的"零容忍"执法信号。法律重在实施，严格的执法确保了法律的权威。同样，执法的过程也是检验现有法律体系完善性的过程，强有力的执法有助于及时完善现有体系的不足，优化资本市场法治建设，让法治化之路更加顺畅。

面对投资者保护的现实难题，化解资本市场执法面临的"查处难"与市场要求"查处快"之间的两难，证监会探索了行政和解制度，较好地兼顾了监管机构行政执法和投资者损失赔偿两方面的需要。

其中，行政和解承诺金的设置，兼具了惩戒和赔偿功能，承诺金数额的确定综合考虑当事人因涉嫌违法行为可能获得的收益或者避免的损失、当事人涉嫌违法行为依法可能被处以罚款和没收违法所得的金额，以及投资者因当事人涉嫌违法行为所遭受的损失等诸多因素，通常情况下数额要高于行政处罚的罚没款数额，以保护投资者合法权益。

"行政和解制度是坚持'零容忍'要求的具体体现，这一新型的行政执法方式，能够及时赔偿投资者损失、提高行政执法效率、节约执法成本、及时恢复市场秩序、尽快实现案结事了、定纷止争的目标。"北京盈科（上海）律师事务所合伙人熊文表示，"行政和解承诺金的制度安排，并不意味着当事人可以'花钱买平安'，除要求当事人交纳承诺金外，证监会还可以要求当事人采取自我核查整改、完善内部控制制度、增加合规检查频次、主动调整相关业务等措施，以纠正涉嫌违法行为、赔偿投资者损失、消除损害或者不良影响。总体来看，行政和解机制是投资者获得及时有效救济的新途径，是一种值得鼓励的纠纷解决方式。"

贰　制度建设篇

» 立体式追责提高违法成本

军事作战中的立体式打击，正在被资本市场进一步"援引"，打击对象则是证券违法活动。

近年来，证监会在提升稽查处罚效能的同时，不断深化与公检法等机关的协作配合，推动健全依法从严打击证券违法活动的执法司法体制机制，持续对违法行为保持高压态势，"零容忍"打击证券违法活动的合力逐步形成，重大违法犯罪案件多发频发态势得到有效遏制，资本市场生态得到进一步改善。

2021年，中办、国办印发了《关于依法从严打击证券违法活动的意见》（以下简称《意见》），围绕完善资本市场违法犯罪法律责任制度体系，健全证券执法司法体制机制等方面提出了具体要求，这是中办、国办首次就打击资本市场违法活动发文，对资本市场法治建设意义重大。

随后，"升级版"的中国特色证券执法司法体系露出萌芽，证监会牵头成立了由中宣部、最高法、最高检、公安部、司法部、财政部等参与的打击资本市场违法活动协调工作小组，最高检驻证监会检察室揭牌，再加上驻证监会的公安部犯罪侦查局以及北京、上海设立专门的金融法院等，行政执法、民事追偿和刑事惩戒相互衔接、互相支持的立体追责的机制体制初步形成。

实际上，在证券执法司法体制机制建立之前，立体追责模式已经在实践中探索多年。

以康美药业财务造假案为例，因在年报和半年报中存在虚假记载和重大遗漏，证监会对康美药业和21名责任人作出罚款和市场禁入的行政处罚决定。不仅如此，康美药业原董事长、总经理马兴田等12人还因操纵证券市场罪被公开宣判，马兴田被判处有期徒刑12年。在民事赔偿方面，康美药业在代表人诉讼制度的约束下，被广州市中级人民法院要求赔偿证券投资者损失24.59亿元，马兴田及5名直接责任人员、正中珠江会计师事务所及直接责任人员承担全部连带赔偿责任，13名相关责任人员按过错程度承担部分连带赔偿责任。

可以看出，康美药业、实际控制人、董监高、相关中介机构分别受到了应有的行政、刑事、民事处罚，为其违法犯罪行为付出了沉重代价。作奸犯科者终于受到了严厉惩罚，受害者也得到应有的赔偿，遵纪守法的人无不拍手称快，行不轨之事者多感惊惧。

"这意味着我国资本市场'强责任时代'到来，行政责任、刑事责任、民事责任齐头并进，不断推动我国对证券违法行为立体追责体系的丰富和完善。"陈洁表示，特别是推进证券纠纷代表人诉讼制度实施，"聚沙成塔"的赔偿效应，对证券违法犯罪行为形成强大的威慑力和高压态势。同时，还可以将众多投资者的索赔请求，通过一个诉讼程序一揽子解决，极大提升了诉讼效率，大幅提高证券市场违法违规成本，加大刑事惩戒力度，形成了高效打击证券违法活动的合力，不敢违规、不愿违规和不能违规的市场文化正在形成。

在"行刑民"三合一立体追责不断探索的同时，记者了解到，证监会还和公安司法机关、有关行政机关以及境外监管机构等在证券执法领域开展协作。证监稽查部门不断优化与公安机关的执法合作机制，拓展了在联合调查、情报导侦、信息共享、分析研判等方面合作的广度和深度；不断加强与审计署、人民银行、工信部、银保监会、纪检监察、国资管理等部门在重大案件线索通报、涉案数据查询、执法信息共享等方面的合作；在双边监管合作谅解备忘录和IOSCO多边备忘录的框架下，通过跨境协查合作，为打击跨境违法行为提供支持。

田利辉预计，在完善证券案件侦查体制机制，完善证券案件审判体制机制，加强办案、审判基地建设，强化地方属地责任等制度预期下，证监会与公安、司法、市场监管等部门及有关地方的工作协同力度将持续增强。

"法者，治之端也。"今日的资本市场，法治化正在成为全市场的共同信仰。行之力则知愈进，知之深则行愈达，问题的出现往往伴随着更深层次的制度改革和监管创新，不断的改革又将资本市场带入了更加健全、健康的发展方向。可以预期，从依法治市为始，一个充分发挥市场枢纽功能，高效配置资源，促进国民经济整体良性循环的资本市场将徐徐走来。

（证券时报记者程丹，原载《证券时报》2022年8月23日A001版）

管理体系更加完善　金融秩序明显改善

金融多元化发展，形成了愈加丰富的金融业态，而丰富的金融业态，则愈发需要得力的金融管理体系。

近十年来，地方类金融活动日趋活跃，金融风险和管理难度增加，中央与地方在金融监管上的合理分工与紧密协作愈发重要。在此过程中，地方金融监管的力量显著增强，重要性日益强化。

自2012年起，经过十年的演进，我国的地方金融监管取得了长足的进步：机构名称从金融办升级为金融局，机构定位从"内设事业单位"到"审批、执法部门"，工作职责从"服务、协调"延伸至"监督、管理"。

在此过程中，我国的金融监管实现了由中央垂直监管的模式，向中央主导、地方协同的监管模式的转变。在中央金融监管部门的指导下，地方密切配合，一批风险程度高、资产规模大的高风险企业集团和金融机构被"精准拆弹"，避免了风险的跨市场、跨区域扩散和传染。在互联网金融风险的专项整治中，全国P2P网贷机构全部停业，地方政府作为防范化解风险、处置非法集资的第一负责人，有力地维护了金融系统的稳定。随着金融秩序明显改善，我国金融管理体系得到了完善。

» 应需而生　金融办设立

从计划经济时代集中统一的金融体制出发，中国金融管理体制经历

贰 制度建设篇

了不懈的探索。

1996年起，人民银行要求商业银行建立授权管理制度，强化内部授权、授信管理。同时，国有银行出于风险防范考虑，纷纷上收县支行贷款审批权、强化信贷风险评估考核，贷款审批权上收和信贷风险考核强化，银行体系内出现"惜贷"现象。

1998年，按照中央金融工作会议的部署，人民银行撤销省级分行，在全国范围内设立跨省区的九大分行，同时对系统内的干部人事关系实施垂直领导、垂直管理。

对于地方经济发展而言，谁能得到更多的金融资源，就能解决发展中的建设资金，抢占先机。地方政府因而高度重视金融业，为了解决金融资源难题，金融办应需而生。

2002年，上海市设立金融服务办公室，与市金融工作党委合署办公，成立了全国首个省级金融办。随后，各地方政府相继成立金融办。据《中国经济周刊》统计，至2012年1月第四次全国金融会议召开前夕，我国已有31个省级政府成立了金融办，在222个地级以上城市成立了金融办，很多县级政府也成立了相应机构。

金融办是我国地方政府根据经济发展需求，结合实践而创造的产物。金融办最早定位于服务地方政府和金融机构，协调金融资源。作为地方政府的议事协调机构，金融办首先要向地方政府负责，按照地方政府的要求开展工作。比如，为本地争取更多的信贷支持；积极培育上市资源，推动本地企业上市；引导企业发债，推动股权融资，改善融资结构，降低融资成本等等，都是金融办的重要工作。

此外，地方金融办的出现，还顺应了金融监管和金融机构在地方上的需求。

金融管理作为中央事权，由中央金融监管部门通过向各地派出机构，实施全国一盘棋的垂直管理。但受制于派出机构数量的限制，当时"一行三会一局"的分支机构要想充分地履行监管职责，也需要地方政府的

奔向繁荣：资本市场这十年

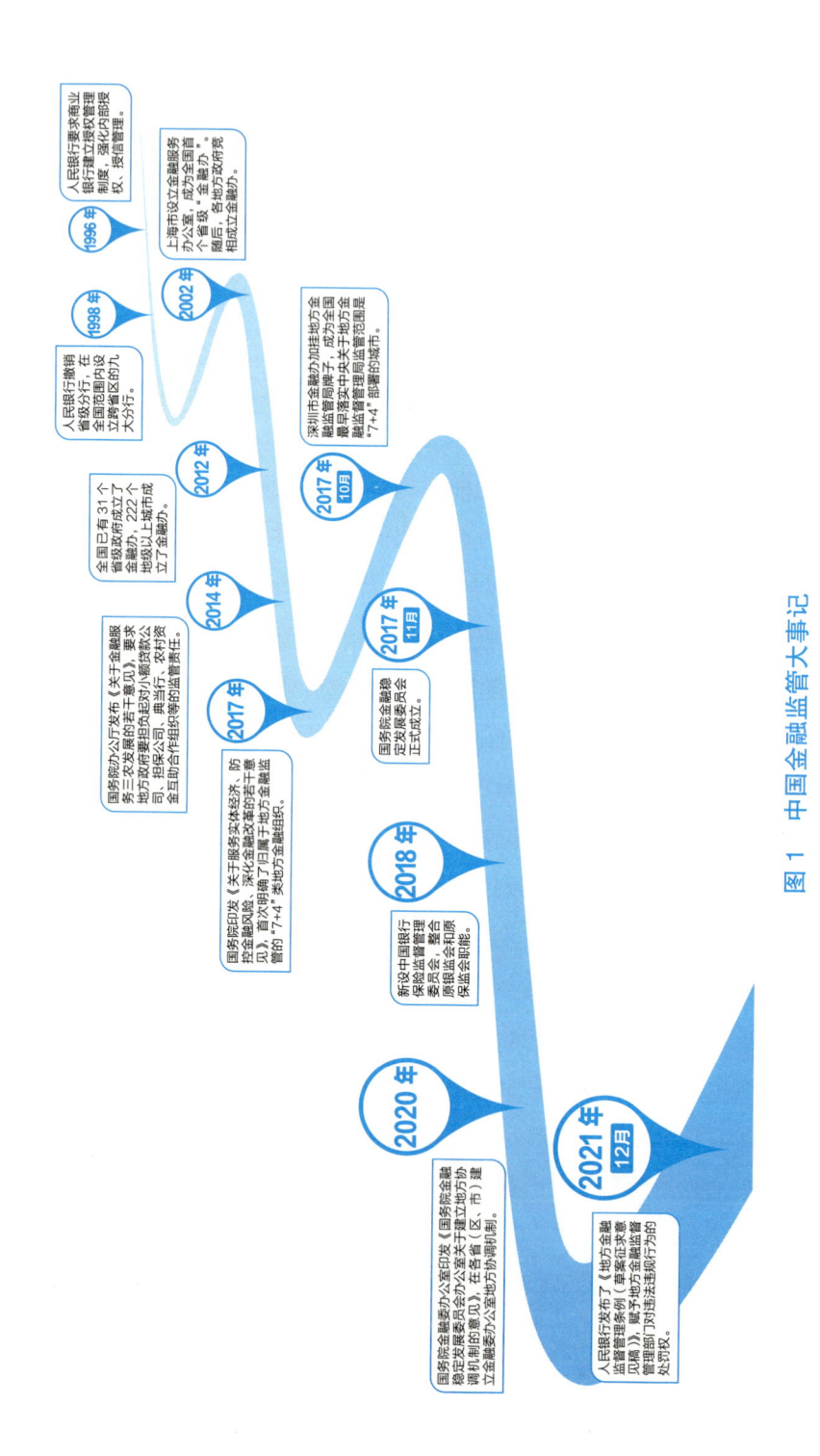

1996年 人民银行要求商业银行建立权属管理制度，强化内部股权、投信管理。

1998年 人民银行撤销省级分行，在全国范围内设立跨省区的九大分行。

2002年 上海市设立金融服务办公室，成为全国首个省级"金融办"。随后，各地方政府党相继成立金融办。

2012年 全国已有31个省级政府成立了金融办，222个地级以上城市成立了金融办。

2014年 国务院办公厅发布《关于金融服务"三农"发展的若干意见》，要求地方政府要担负起对小额贷款公司、担保公司、典当行、农村资金互助合作组织等的监管责任。

2017年 国务院印发《关于服务实体经济、防控金融风险、深化金融改革的若干意见》，首次明确了归属于地方金融监管的"7+4"类地方金融组织。

2017年10月 深圳市金融监督局挂牌子，成为全国最早落实中央关于地方金融监督管理局关于地方金融监管范围是"7+4"部署的城市。

2017年11月 国务院金融稳定发展委员会正式成立。

2018年 新设中国银行保险监督管理委员会，整合原银监会和原保监会职能。

2020年 国务院金融稳定发展委员会办公室印发《国务院金融稳定发展委员会办公室关于建立地方协调机制的意见》，在各省（区、市）建立金融委办公室地方协调机制。

2021年12月 人民银行发布了《地方金融监督管理条例（草案征求意见稿）》，赋予地方金融监督管理部门对违法违规行为的处罚权。

图1 中国金融监管大事记

46

配合。地方金融办的出现，协助了中央金融监管的下沉。而银行、证券、保险机构在各地的办公场所、业务拓展、税收缴纳等各类事项，也需要当地政府支持、协调。

吸引法人金融机构落户，既能增加城市金融业竞争力，也是一个城市财源、税源建设的重要方面。有鉴于此，地方金融办的职能之一，便是根据当地经济社会发展形势的需要，制订专项金融发展规划，出台有竞争力的政策，凝聚金融要素，引导金融业发展。

随着协调统筹的事务渐多，地方金融办重要性逐渐加强，从最初的联系和协调金融部门为地方经济服务，到后面兼有地方金融业规划、管理职能，为维护地方金融秩序，推动地方经济、促进金融业健康发展发挥了重要的作用。

一线城市中，北上广深均将金融业作为支柱产业之一。以深圳为例，2012—2021年，深圳金融业增加值保持年均11.7%的高速增长，占GDP比重由2012年的14%提高至2022年上半年的16.1%。目前深圳已跻身"全球十大金融中心"。

沿海省份中，广东金融业多项指标位居全国首位。广东省地方金融监督管理局局长于海平表示，2021年，广东金融业实现增加值11058亿元，是2012年的3倍，比2017年增长50%，占GDP的比重达到9%，今年上半年进一步提高到9.8%，金融业已经成为广东最重要的支柱产业之一。

中部省份中，江西是通过支持金融业带动本地经济发展的典型。据江西金融监管局局长韦秀长介绍，2012年，该省启动了全省金融商务区建设。初期该区仅有3家金融机构，到现今，各类金融机构和金融服务企业已经达到1257家，聚集了80%的省级金融资源。

为了引入金融资源，江西积极利用资本市场，创新实施企业上市"映山红行动"。全省上市公司数量从2012年末的44家增长至2021年末的100家（境内外）。2021年企业直接融资5694.72亿元，是2012年的

15.28 倍。

十年来，江西省生产总值年均增长 8.4%，总量由全国第 19 位上升到第 15 位，主要经济指标增幅持续保持全国前列。在省政府的支持下，江西省金融业快速发展。2021 年，江西省金融业增加值为 1975.03 亿元，是 2012 年的 4.78 倍；全省金融业税收为 291.91 亿元，是 2012 年的 2.54 倍，金融成为全省的支柱产业之一。

» 监管补位　变身金融局

过去十年，我国金融业态不断丰富。在持牌金融机构无法覆盖的领域，融资担保公司、商业保理公司、典当行、社会众筹以及其他新型金融组织大量涌现，一定程度上缓解了小微企业融资难题，对促进消费金融发挥了积极作用。

不过，这类非持牌金融组织脱离于中央垂直的金融监管体系，法律地位不清晰、内部管理薄弱，成为非法吸收存款、集资诈骗、高利贷、暴力催债等问题的高发地，不利于社会稳定。这类非持牌金融组织数量庞大、体量小，中央监管部门鞭长莫及。

此后一段时间，中央金融监管部门陆续发布相关部门规章和规范性文件，赋予地方政府对于地方金融组织的监管职责。2014 年 4 月，国务院办公厅发布《关于金融服务三农发展的若干意见》，要求地方政府要担负起对小额贷款公司、担保公司、典当行、农村资金互助合作组织等的监管责任。

2017 年 7 月，第五次全国金融工作会议召开，会议明确了地方政府要在坚持金融管理主要是中央事权的前提下，按照中央统一规则，强化属地风险处置责任。这一表述，明确了地方在金融监管中的角色。

贰 制度建设篇

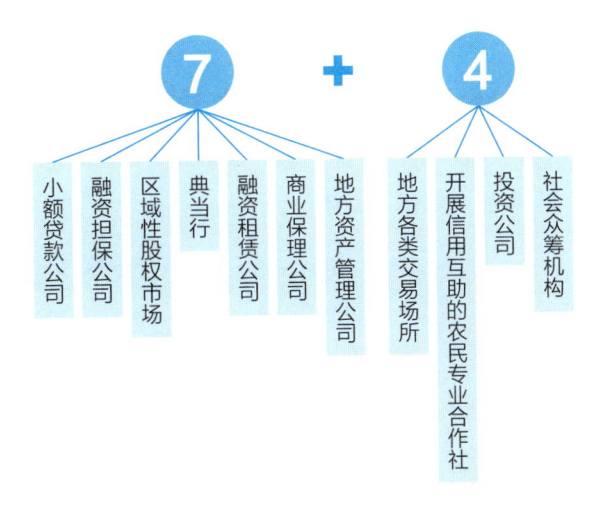

图2 地方金融监管的"7+4"类地方金融组织

随后，根据中央经济会议精神，国务院印发《关于服务实体经济、防控金融风险、深化金融改革的若干意见》，首次明确了归属于地方金融监管的"7+4"类地方金融组织。

具体而言，"7"指的是"负责对小额贷款公司、融资担保公司、区域性股权市场、典当行、融资租赁公司、商业保理公司、地方资产管理公司等金融机构实施监管"；"4"指的是"强化对地方各类交易场所、开展信用互助的农民专业合作社、投资公司、社会众筹机构等的监管"。

同时，根据第五次全国金融工作会议中"坚持中央统一规则，压实地方监管责任"的要求，各地开始组建地方金融监督管理局。于是，各省、市、自治区的"金融办"集体升格为"金融局"的大幕渐次拉开。

2017年10月，深圳市金融办加挂地方金融监管局牌子，成为全国最早落实中央关于地方金融监督管理局监管范围是"7+4"部署的城市，对原来相对分散的地方金融监管职能进行整合，进一步分离发展和监管职能，补齐监管短板。

此后，浙江、福建、河南、海南等地的地方金融监督管理局纷纷挂牌成立。截至目前，各省、自治区、直辖市层面的地方金融监督管理局

49

基本完成挂牌。

伴随金融办向金融局升级,地方金融监管部门迎来一轮扩编、扩权浪潮,机构定位从"内设事业单位"到"审批、执法部门",工作职责从"服务、协调"延伸到"监督、管理"。

» 金融委设立 协调机制落地

2018年3月,国务院机构改革方案获得通过,新一轮的党和国家机构改革拉开序幕。此次机构改革,对中央金融监管机构的组成及职能进行了调整,新设中国银行保险监督管理委员会,整合原银监会和原保监会职能。而在此前的2017年11月,在第五次全国金融工作会议的提议下,国务院金融稳定发展委员会(简称"金融委")正式成立。

随着金融委的成立及国务院机构改革的落地,中央金融监管体系由原有的"一行三会一局"转变为"一委一行两会一局"。

2020年,国务院金融委办公室印发《国务院金融稳定发展委员会办公室关于建立地方协调机制的意见》,在各省(区、市)建立金融委办公室地方协调机制,加强中央和地方在金融监管、风险处置、信息共享和消费者权益保护等方面的协作。金融委办公室地方协调机制是加强中央和地方金融监管协调的基础制度建设,开启了中央和地方金融监管新格局的重要一步。

设在人民银行省级分支机构内的金融委办公室地方协调机制,由人民银行主要负责人担任召集人,还包括银保监会、证监会、外汇局省级派出机构、省级地方金融监管部门主要负责人以及省级发展改革部门、财政部门负责人为成员。

在金融委的协调下,升格后的地方金融监管局,与中央监管部门派出机构的对接更加对等了。

一位地方金融监管局工作人员对证券时报记者表示,金融委地方协调机制建立后，该局与一行两会监管机构的联系变得常态，除了定期的会议制度，还会根据工作需要进行不定期的沟通。"大的风险，或者涉及面上的问题，都会通过协调机制来沟通。"他表示，协调机制有向金融委上报信息的功能，有助于推动问题的解决。

从实际情况来看，近年来，银行、证券、保险领域的金融风险时有发生，地方民间金融非法集资的风险事件不时出现。在处置风险的过程中，地方金融局起到了不可替代的作用。相比中央派出机构，地方金融局能够代表地方政府出面，协调当地行政资源，采取措施维护现场秩序，稳定局面，从而防止风险无序蔓延。

» 统筹监管与发展

2017年以来，各地金融监督管理局虽已挂牌，但它却是"最不像监管的监管部门"。其同时拥有监管和发展的职能，地方政府也存在着力有不逮的地方。

在日常监管和风险处置中，由于缺乏国家层面为地方金融监管立法，社会各方对地方金融监管职责分工的理解不尽一致，导致地方金融监督管理部门面临着监管依据不够充分、执法手段不足等问题。

比如，地方政府出台的金融监督管理条例是地方性法律，法律层级不高，处罚力度不足。又如，地方金融监管部门缺乏必要的执法权，只能以准入监管和行政性监管方式为主，这与"轻准入监管，重日常监管"的监管目标尚有距离。

为了解决上述问题，人民银行自2018年6月起牵头组织《地方金融监督管理条例》的起草工作。经过多次实地调研、召开专题座谈会、书面征求意见等方式，听取中央有关部门、各省市地方政府、人民银行分支机构、地方金融监督管理部门，以及部分地方金融组织的意见和建议，各方一致表示应尽快出台《条例》。

2021年12月31日，人民银行发布了《地方金融监督管理条例（草案征求意见稿）》，明确地方金融监管规则和上位法的依据，按照"中央统一规则、地方实施监管""谁审批、谁监管、谁担责"的原则，明确了"7+4"类地方金融组织与机构的定义，强调地方金融组织持牌经营，不得跨省展业。《条例》还赋予地方金融监督管理部门对违法违规行为的处罚权，弥补了过去地方金融监管执法手段不足的短板。

如何处理发展和监管的关系，是地方金融工作面对的重要课题。地方金融监管工作既要保证中央金融决策落地落实，又要因地制宜，促进本地经济、金融发展。金融业增长指标容易达成，而金融风险却是隐藏的、长期的。如何平衡短期和长期，需要地方监管者有所为、有所不为。

至此，地方金融监管在范围、权限和责任方面，形成了内涵确定、边界清晰的监管格局。我国的金融监管实现了由中央垂直监管模式，向中央主导、地方协同的监管模式的转变。

» 有力防范化解重大风险

党的十九大召开后，防范化解重大风险成为"三大攻坚战"之一。在党中央、国务院的坚强领导下，金融委靠前指挥，人民银行会同有关部门和地方政府，打好防范化解重大金融风险攻坚战，取得了重要的阶段性成果，重点领域的风险得到稳妥处置，金融风险整体收敛、总体可控。

具体包括，果断处置了高风险企业集团和高风险金融机构。金融管理部门按照市场化、法治化的原则，对"明天系"、"安邦系"、"华信系"、海航集团等风险程度高、资产负债规模大的高风险集团进行了"精准拆弹"。接管了包括包商银行在内的10家"明天系"金融机构，稳妥处置锦州银行、恒丰银行等中小金融机构风险，辽沈银行、山西银行、四川银行顺利开业，高风险中小金融机构的数量持续大幅下降。

在清理整顿金融秩序方面，各地完成互联网金融风险的专项整治工作，近 5000 家 P2P 网贷机构全部停业。严厉打击违法违规金融活动，过去五年累计立案查处非法集资案件 2.5 万起。

在中央和地方的共同努力下，防范化解金融风险力出一孔，金融资产盲目扩张得到根本扭转。据银保监会副主席肖远企介绍，我国高风险影子银行较历史峰值压降约 25 万亿元。不良资产处置大步推进，过去十年累计消化不良资产 16 万亿元，一大批突出的风险隐患得到消除。规范清理问题股东，向社会公开 5 批 124 个违法违规股东，完善公司治理机制。治理金融乱象的背后，一批市场影响恶劣的大案要案被查处，一批掏空金融机构、利益输送、违法侵占的腐败分子被绳之以法。

上海银保监局党委书记、局长王俊寿表示，十年来，上海辖内共处置不良贷款 2600 多亿元；处罚银行保险机构 556 家次，处罚责任人员 279 人次，罚没总金额超过 4.2 亿元。

湖北银保监局党委书记、局长刘学生表示，十年来，该省累计处置不良资产 3900 亿元；累计处罚机构 702 家次，处罚责任人 982 人次，处罚金额累计 2.94 亿元。该省制订了农村中小金融机构风险处置和提档升级方案，不断增强风险抵御能力。脱实向虚得到扭转，同业业务、信托通道持续压降。

经过系列清理整顿，各地金融风险得以缓释，但是防范化解重大金融风险的工作仍将永远在路上。未来，各地还需进一步发挥地方协调机制在金融风险防范化解中的作用，提升信息共享的时效性和全面性，做到风险"化早""化小"，持续推动金融管理的深化改革。

（证券时报记者潘玉蓉，原载《证券时报》2022 年 10 月 11 日 A001 版、A004 版）

03 对外开放篇

叁　对外开放篇

对外开放"步步高"　中国资产吸引全球目光

对外开放作为我国的一项基本国策，自新中国资本市场诞生之日起就深深植入了各方基因之中。回望最近十年，中国资本市场始终坚持在改革中发展、在开放中进步、在合作中共赢，市场基础制度不断完善，行业生态持续优化，开放水平全方位提升。

问渠那得清如许，为有源头活水来。在以习近平同志为核心的党中央坚强领导和精心谋划下，中国资本市场正按照国家新一轮高水平对外开放的统一部署，引进来与走出去并举，开放的大门越来越宽，越来越广。

» 走出去，中资机构扬帆出海

在经济全球化和区域一体化的大背景下，国际资本市场相互借鉴，相互融合，已经成为守望相依、不可分割的整体。中国资本市场也在用更加宽广的胸怀，拥抱更加开放的未来。党的十八大以来，中国金融市场双向开放程度达到了前所未有的高度，证券公司、保险公司、资管机构纷纷乘风而起，奔赴国际资本舞台。

从投行业务到衍生品业务，从香港市场到"一带一路"，中资券商的足迹加速扩展至海外各个角落。回望过去十年，中资券商从布局中国香港地区、主要服务内地客户开始，一步步发展到如今触达新加坡、美国、欧洲、印度等多个市场，涉足外汇期货、财富管理、场外衍生品等各项业务品种，出海步伐越发稳健。

随着业务板块的不断丰富，中资券商在境外提供的产品和服务也日趋完善。目前，除了传统的证券投资、新股认购和基金选购，中资券商还在加大布局期权期货杠杆式外汇及贵金属，以及产品内涵更加广阔的场外产品投资，进一步向国际大行看齐靠拢。

内资券商参与香港资本市场有利于丰富香港金融业市场主体，深化内地与香港资本市场互联互通，并提升内资券商竞争力和国际化水平。据中国证监会统计，截至2021年7月29日，共有35家证券经营机构在境外设立子公司，其中有34家机构在香港设立子公司，均持有香港证监会的证券经纪、承销保荐等牌照，具备担任内资企业境外上市主办行、机构投资者境外主经纪和托管商的相关资质。

中证协数据显示，2021年，中金公司、海通国际的境外子公司证券业务收入占营收比例分别为23.54%和20.83%，位于第一梯队；华泰证券、山西证券占比分别为16.64%和14.17%；还有天风证券、中信证券、国泰君安、银河证券、信达证券5家券商占比超过5%。而在2016年，这一数据占比超过5%的仅有6家。

除中资券商外，中资保险机构也在积极探索国际化路径。中国人寿、中国人保、中国太保、中国太平、中再集团等保险集团公司依托海外机构，稳步推进业务、人才和布局国际化。2019年，中再集团正式完成对英国桥社保险的全资收购，成为中再集团全球化战略的重要支点之一；2020年6月22日，中国太保沪伦通全球存托凭证（GDR）在伦交所正式上市，中国太保也成为国内首家在"A+H+G"三地上市的中国保险企业，为中国和英国的资本市场双向开放树立重要里程碑。对外技术输出方面，中国首家互联网保险公司众安保险早在2018年就开始布局拓展海外市场。依托位于香港地区的子公司众安国际，众安保险基于科技能力推出的系统化产品和解决方案，已实现向日本、新加坡等东南亚市场输出。

作为各类资管机构配置海外资产的重要路径，QDII（合格境内机构投资者）制度也是一项重要的资本"走出去"制度，为境内机构拓展国际化业务提供了渠道，帮助境内投资者到境外做投资，增加海外资产配置，提升投资组合分散性，增加抗击冲击能力。在为投资者提供海外资产配置的过程中，境内机构也积累了丰富的经验，为将来发展国际化业务做好准备。

» 引进来，海外资本涌进中国

"开放带来进步，封闭必然落后。"习近平总书记在博鳌亚洲论坛2018年年会上掷地有声的话语，拉开了中国金融业新一轮扩大对外开放的大幕。此后短短两年时间里，中国先后推出了一系列重大金融开放举措，大批国际长期投资者竞相登陆中国市场，分享新机遇，共创新未来。

截至2021年底，已有9家外资控股券商在华顺利展业，另有20多家后来者正摩拳擦掌。目前，中国证监会已批复摩根士丹利证券（中国）、高盛高华证券两家合资券商由参股转向控股，后者更是成为外资全资控股的券商；瑞银证券外资持股比例也提升至67%，且不排除争取全资持股；另有星展证券、大和证券等外资券商正在申请或计划设立中。

表1　合资/外资券商一览　（截至2021年底）

券商名称	成立日期	注册地	注册资本（亿元）
中港证券	2016/04/08	上海市	43.15
华兴证券	2016/08/19	上海市	30.24
高盛高华	2004/12/13	北京市	27.86
甬兴证券	2020/03/16	宁波市	20.00
野村东方国际证券	2019/08/20	上海市	20.00
摩根大通证券（中国）	2019/08/22	上海市	19.99
汇丰前海证券	2017/08/28	深圳市	18.00
东亚前海证券	2017/08/09	深圳市	15.00
星展证券（中国）	2021/01/14	上海市	15.00

续表

券商名称	成立日期	注册地	注册资本（亿元）
瑞银证券	2006/12/11	北京市	10.89
金圆统一证券	2020/06/18	厦门市	12.00
瑞信证券（中国）	2008/10/24	北京市	10.89
摩根士丹利证券（中国）	2011/05/04	上海市	10.20
中德证券	2009/04/10	北京市	10.00
大和证券（中国）	2020/12/18	北京市	10.00

贝莱德中国区负责人、贝莱德基金董事长汤晓东表示，投资境内资产的额度限制（如QFII和RQFII）放宽和近期推出的免税政策、互联互通机制内涵不断丰富（如股票ETF纳入互联互通机制）、银行间和交易所债券市场对外开放安排进一步整合等举措，丰富了跨境投资的平台和渠道，为外资进入本土市场提供了更多样化、更便捷和更具确定性的环境。

保险行业同样是外资机构投资中国的重点。2021年中国保险业原保险保费收入为4.5万亿元，保险业总资产达24.9万亿元，同比增长6.8%，连续四年保持全球第二大保险市场地位。而截至2021年，在华外资保险公司资本十年间增长1.3倍，资产增长6倍。

过去，外资保险公司在中国仅能独资运营产险公司，无法独资设立集团公司、寿险公司等其他业态，如今藩篱均已破除。2018年4月，银保监会宣布"在全国范围内取消外资保险机构设立前需开设2年代表处的要求"；2020年，中国进一步取消了外资寿险公司持股比例限制；2021年3月，《关于修改〈外资保险公司管理条例实施细则〉的决定》发布，成为保险业对外开放的里程碑；2021年12月，银保监会发布《关于明确保险中介市场对外开放有关措施的通知》，放宽外资保险中介机构准入条件。

2019年11月，首家外资独资保险控股公司——安联（中国）保险控股获批开业；2020年6月，友邦保险在中国内地分支机构正式获批改建为友邦人寿，成为首家外资独资人身保险公司；2020年12月底，恒安标准养老保险获批开业，成为首家合资寿险公司开设的养老保险公司；2021年7月，安联保险资管获批开业，成为中国首家获批成立的外资独资保险资产管理公司。

从"水土不服"到共融共生，作为中国保险业重要组成部分，外资险企在华渐入佳境。截至2021年11月末，境外保险机构在中国设立了66家外资保险机构，在华外资保险公司总资产达2万亿元。2021年，外资人身险公司实现原保费收入3351亿元，同比增长5.5%，市场份额由2011年末的4%提升至2021年末的超过10%。

"回顾中国金融业的对外开放进程，保险业开放时间早、力度大，效果突出。"中国规模最大的外资财险公司之一——安盛天平首席执行官朱亚明表示，中国金融市场的对外开放带来了深化改革与快速发展的宝贵机遇。一方面，中国保险业可以"走出去"，充分利用国际规则和多边协调机制，尽快建立与国际惯例接轨的保险制度。另一方面，全球资源的"引进来"也必将使中国保险业受益良多。

同方全球人寿总经理助理、董事会秘书兼首席人力资源及行政官王前进认为，中国金融业的持续对外开放政策，大大提振外资股东对中国市场成功经营的信心，给了外资股东在中国市场经营更多的选择权和发展机会，也促进外资保险公司注重长期价值成长和风险管理的经营理念进一步落地，保险市场的竞争更加良性和有序，有助于推进保险行业高质量发展，真正打造一批中国保险行业的百年老店。

» 中国资产吸引全球目光

今天，我们谈论中国资本市场，甚至金融市场"走出去"和"引进来"，这一切都可归结到十年前的那个会议。2012年11月，党的十八大胜利召开，会议深刻回答了新时代需要什么样的资本市场、怎样建设好资本市场的重大课题，为新时期资本市场改革发展指明了方向。此后，无数资本在日渐开放的大门中进出流转，架起中国与海外金融市场互联互通的桥梁。

2012年，QFII（合格境外机构投资者）试点业务率先开始走上正轨。当年2月，国内共有147家机构获得QFII资格，总QFII投资额度达到了245.5亿美元。彼时，或许没有人能想象，到了2021年底，外资对A股的持有市值会突破3万亿元人民币。

2014年，沪港通正式启动。富达国际股票研究总监李晶表示，对于当时长期受限于QFII/RQFII投资额度的外资机构来说，沪港通的推出无疑为他们开通了另一条直达中国资产的康庄大道。而随着2016年深港通推出，互联互通已成为中国扩大金融及资本市场开放的重要环节。

十年来，中国资本市场对外开放取得了卓越成效。目前，已有近700家机构获批QFII资格，QDII累计批准投资额度达1575亿美元（约合人民币1.05万亿元），进军中国的外商独资私募超过30家，外商独资公募也于2020年实现了零的突破。

路博迈集团亚太区高管、路博迈基金管理（中国）有限公司（筹）总经理刘颂认为，为了提升国际化水平，中国资本市场近年来推出了相当多的重要举措，双向开放的决心可见一斑。而随着资本市场不断扩大双向开放、国际合作与交流，中国资本市场配置全球资本要素的能力也在不断提升。

事实上，在诸多外资机构看来，蓬勃发展的中国资本市场有着其他市场难以比拟的魅力，其特殊性在于既有发达市场的质量和稳定性，又兼具新兴市场的增长潜力与机会，中国在全球投资者的整体资产配置中具有独特意义。

摩根士丹利证券首席经济学家章俊提到，中国资本市场坚持国际化的重要意义在于，既可以引入海外中长期资金和提升价值投资理念来降低市场的波动率,也能增强国内企业融资多元化和降低企业的资金成本。在此过程中,国内市场和投资者对包括股票、债券、大宗商品等各类资产的全球定价权也会逐步上升,进一步推动国际和国内资本市场的双循环。

图1　外资在A股市场持股市值变化　　（亿元）

年份	持股市值
2014年末	1618.84
2015年末	1123.18
2016年末	2913.6
2017年末	6318.31
2018年末	7657.7
2019年末	15462.47
2020年末	25550
2021年末	30383.48

瑞信中国区首席执行官胡知鸶表示,随着中国进一步以高水平开放推动高质量发展,中国资本市场将持续发生结构性变化。五年内中国A股在国际基准指数中的纳入因子有望提升,这将进一步增强中国在新兴市场中的主导作用,并提高A股在全球资产组合中的重要性。

表2　外资参股基金规模前十公司一览

基金管理人简称	公司性质	基金公司规模（亿元）
华夏基金	中外合资企业	9977.85
富国基金	中外合资企业	8546.36
鹏华基金	中外合资企业	8389.41
工银瑞信基金	中外合资企业	7968.37
嘉实基金	中外合资企业	7457.68
建信基金	中外合资企业	7136.79
兴证全球基金	中外合资企业	5834.71
交银施罗德基金	中外合资企业	5491.39
平安基金	中外合资企业	5414.74
国泰基金	中外合资企业	5330.07

2022年2月11日，沪伦通正式扩容，瑞士和德国被纳入境内外证券交易所互联互通存托凭证业务适用范围，标志着中国资本市场开放程度继续加深。中金公司研究部策略分析师李求索认为，互联互通存托凭证业务有望成为中国资本市场双向开放的另一重要渠道，不仅是逐步引入外资发行人（不只是红筹企业）的重要尝试，也有助于拓宽境内上市企业的国际融资渠道。

数据显示，中国企业已经在海外发行了超600只存托凭证产品，也有许多企业选择直接在海外资本市场融资上市。在中资机构积极出海、外资机构不断加码中国区业务布局的大趋势下，预计未来会有更多优质中国企业通过资本市场展现于国际视野，获得外资青睐。

» 高水平开放之路越走越远

金融开放是中国对外开放国策的重要组成部分，而金融又是实体经济的血脉，扩大高水平金融开放更是实现经济高质量发展的内在要求。一直以来，中国始终坚持要把金融改革开放放在重要位置，同时根据国际经济金融发展形势变化和中国发展战略需要，研究推进新的改革开放举措。

中国证监会也一直表示，将继续坚定不移扩大对外开放，统筹发展与安全，推出更多务实性开放举措，服务建设高水平开放型经济体制。包括稳步推动资本市场制度型双向开放，进一步发挥香港地区在中国资本市场开放中的作用，以及进一步加强开放环境下的监管能力和风险防范能力建设。

2021年9月，中国证监会副主席方星海在中国国际金融年度论坛上指出，近年来证监会针对中国资本市场扩大开放推出的一系列举措成效明显，对外开放形成良好格局。2020年初，证监会提前一年放开证券、基金和期货经营机构外资股比限制，外资机构在经营范围和监管要求上均实现国民待遇,摩根大通、瑞银证券、高盛高华、富达等十余家外资控股或全资证券基金期货公司相继获批。

2020年7月,证监会修订规则,允许符合条件的外国银行在华分行和子行申请基金托管资格,净资产等财务指标可按境外总(母)行计算。目前已有花旗银行等3家外资银行在华子行获得基金托管资格。在国家总的开放格局下,证监会继续支持合格的外资机构在中国资本市场以独资、控股或合资方式开展业务。

2020年11月起实施的合格境外投资者新规,进一步降低了境外投资者准入门槛,扩大了可投资范围,更加便利外资投资操作。沪深港通机制持续优化,沪伦通机制稳定运行,中日ETF互通产品运行顺利,深港和沪港ETF互通产品正式推出,A股纳入国际知名指数的比例逐步提升,境外投资者参与A股投资的范围和便利性显著增大。国际资本双向往来渠道的进一步畅通,为中国资本市场国际化提供了有力支撑。

在期货市场方面,产品国际化稳步推进,商品期货期权国际化品种增至9个。2021年,香港证监会批准香港交易所推出A股指数期货,产品年内即将开始交易,也为境外投资者投资A股市场提供良好的风险管理工具。

为使中国资本市场更好地实现国际化,多家金融机构纷纷建言。刘颂提出,应优化和拓展互联互通等跨境投资渠道,持续丰富跨境投资的产品供给和配套制度,降低制度性成本,全面提升跨境投资和风险管理的便利性。还需要加强与行业主管部门和市场各方的沟通协作、信息畅通,持续巩固和完善市场化、法制化、国际化的投资环境;需要加强境内境外监管协作和信息共享。

章俊则进一步表示,除了加快推进、落地前期已推出的开放型政策,也要扩大境内外机构可配置资产的范围,以更好地满足境内外投资者对不同市场、不同资产的投资需求。同时,加强与境外资本市场监管机构的沟通和政策协调,通过增强投资者对中国资本市场高水平开放的信心,进一步增强投资者的投资意愿,促进国内外资本市场的良性互动。

全球疫情仍在持续,国际地缘冲突仍未结束,世界经济金融格局深刻演变,坚持开放合作是应对全球挑战的必然选择。中国对资本市场双向开放的决心和信心从未动摇,随着开放之路越走越远,国内金融行业的资本、文化交流竞争也将迎接千帆争流、百花齐放的未来。

(证券时报记者王蕊、王小芊、邓雄鹰,原载《证券时报》2022年6月30日A001版、A004版)

双向开放成绩斐然　中国资本市场初具"国际范"

» 中国资本市场步入高质量发展新阶段

党的十八大以来，中国资本市场攻坚克难，不断成长、壮大，从深化资本市场改革迈向高质量发展，逐步接轨国际标准，加快双向开放，各项指标持续优化，中国资本市场竞争力、吸引力、影响力持续增强。

目前，中国资本市场总体规模稳居全球第二，证券化率显著提升，投资者结构日趋完善，世界500强中国企业数量雄踞榜首。

A股市值稳居全球第二

这十年间，中国资本市场持续发展壮大，A股上市公司从2000余家增至4947家。科创板、创业板试点注册制相继成功落地，中小板及深市主板合并，设立北京证券交易所，全面注册制蓄势待发；股票、债券、基金、期货市场表现都极其活跃，资本市场规模逐步走向世界前列。

截至2021年末，A股总市值超90万亿元，交易所债券市场托管面值达18.7万亿元，商品期货交易规模连续多年位居全球前列，中国资本市场规模稳居全球第二，仅次于美国。

沪深交易所市值规模大幅跃升，稳居全球前十阵营。截至2021年末，上海证券交易所股票市值规模合计近52万亿元，较十年前增加超2倍，成为全球第五大证券交易所；深圳证券交易所成长最快，市值规模较十年前增加近4.5倍，接近40万亿元，超越韩国证交所、加拿大多伦多交易所以及澳大利亚证交所，成为全球第十大证券交易所。

表1 沪深证券交易所规模位居全球前十阵营

交易所	国家（地区）	2021年股票规模（万亿元）	2012年股票规模（万亿元）	排名变化
纽约证券交易所	美国	247.93	117.81	不变
纳斯达克证券交易所	美国	190.25	32.01	↑1名
法兰克福证交所	德国	73.55	43.53	↓1名
香港联合交易所	中国香港	53.62	26.50	不变
上海证券交易所	中国	51.97	15.87	↑4名
东京证券交易所	日本	51.86	19.94	↑2名
巴黎证交所	法国	51.74	25.17	↓2名
新加坡证券交易所	新加坡	44.53	22.56	↓1名
伦敦证券交易所	英国	42.84	23.07	↓3名
深圳证券交易所	中国	39.64	7.2	↑5名

A股证券化率居发展中国家前列

目前中国资本市场已形成以上海、深圳、北京三大证券交易所为核心的主板、科创板、创业板以及北交所等上市板块。

证券化率（证券总市值/GDP国内生产总值）可用来衡量证券市场发展程度。截至2021年末，A股证券化率达到84.3%，创近十年新高，在发展中国家居前列；包含中概股在内，中国上市公司证券化率达到95%。但与美国、日本等发达国家相比，中国证券化率还有较大提升空间。美国2021年末证券化率接近300%，日本超过120%。

叁 对外开放篇

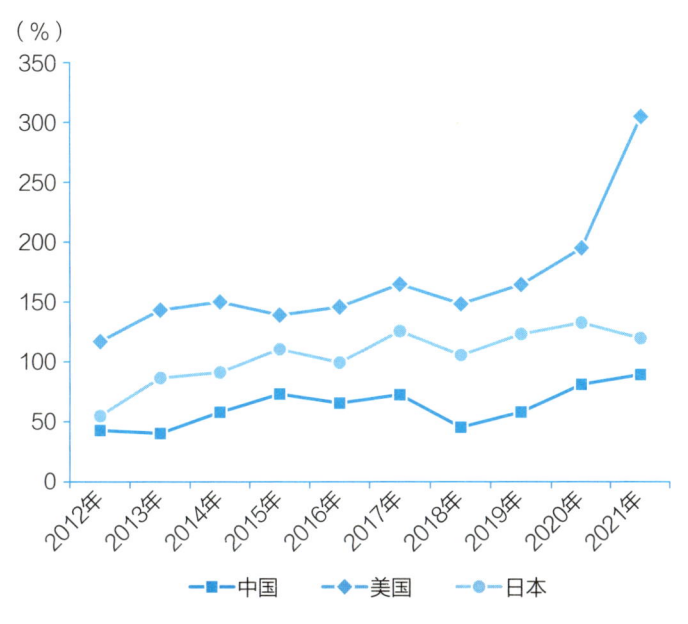

图1 A股证券化率创近十年新高

A股科研投入稳步提升

科研投入是衡量一个国家科技创新水平、能力的重要指标。2021年A股研发经费（R&D）投入达27864亿元，同比增长14.2%。研发投入强度（R&D/GDP）再创新高，达到2.44%，接近经合组织（OECD）国家平均水平，超过加拿大、法国、英国、印度等国家，较十年前增加近0.7个百分点。

2016年至2020年，A股信息技术行业研发投入强度持续超越美股；2021年创新高，达6.62%。注册制实施以来，A股"科技"属性更加显著，2019—2021年科创板研发投入强度持续超过10%。

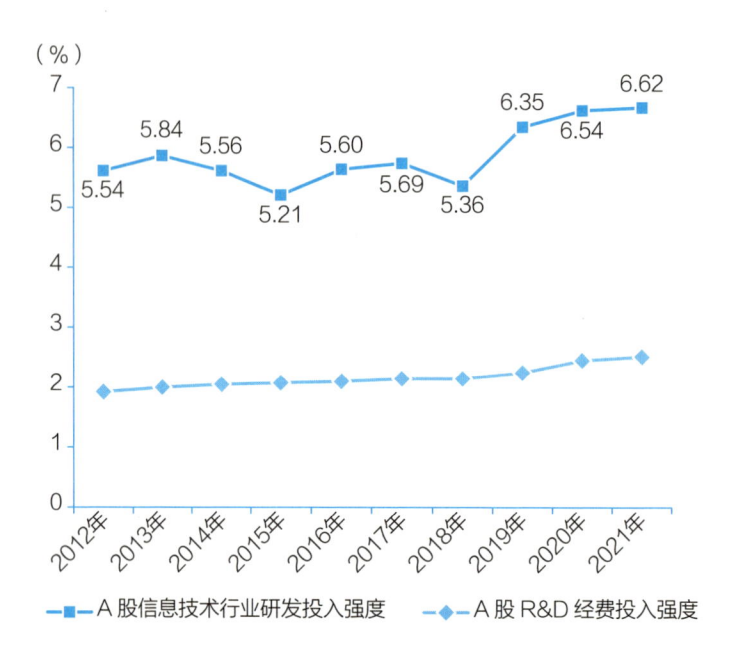

图 2　A股信息技术行业研发投入强度创新高

世界500强中国企业数量蝉联第一

资本市场成为经济高质量发展的重要推手，世界500强中国企业数量、营收贡献度大幅提升。

2019年世界500强名单中，中国上榜企业数量达到126家（包括中国香港、中国台湾，下同），首次超过多年雄踞榜首的美国；2022年中国上榜企业再创新高，达到145家，持续四年居世界之首，较十年前增加八成以上。中国大陆上榜129家，全面超越美国，体现中国企业的实力。

国家电网、中国石油、中国石化、中国建筑等中国公司稳居全球前十行列。相比之下，美国、日本等国家入围企业数量均有所下降，仅韩国、加拿大入围数量较十年前略有上升。

叁 对外开放篇

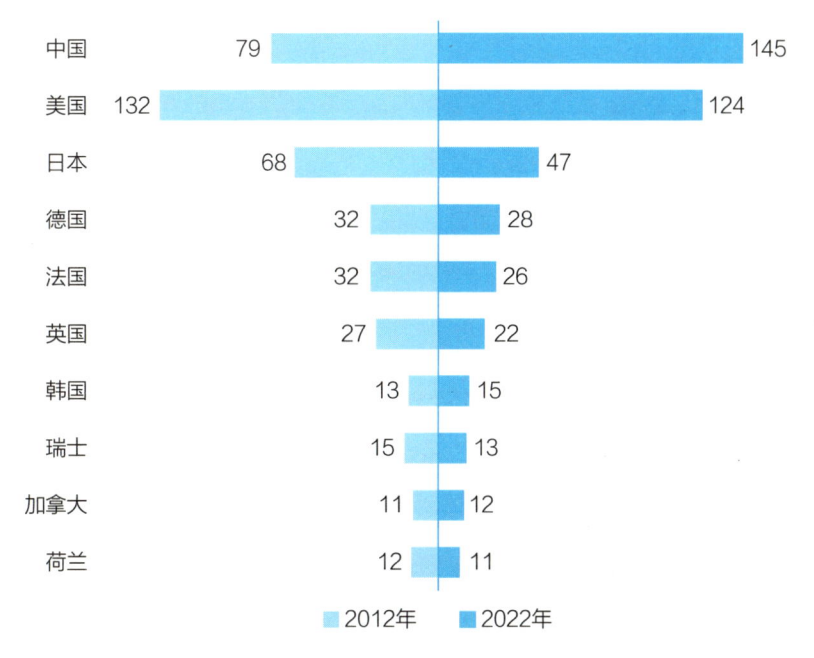

国家	2012年	2022年
中国	79	145
美国	132	124
日本	68	47
德国	32	28
法国	32	26
英国	27	22
韩国	13	15
瑞士	15	13
加拿大	11	12
荷兰	12	11

图3 世界500强中国企业数量再创新高 （单位：家）

A股机构化水平持续创新高

机构化是资本市场发展的必然趋势，机构投资者占比提升有利于金融市场走向更加成熟、稳健。加快对外开放，引入更多外资后，中国资本市场迎来新生态，投资者结构也更加合理。

去散户化道阻且长，A股机构化进程稳步推进。剔除一般法人，以持股市值来估算，截至2021年末，A股机构化比例创历史新高，接近19%，较十年前增加5个百分点以上。

对标海外发达资本市场，A股的机构化重任在肩，大有可为。以美股为例，70年代养老金入市，"去散户化"进程开启，机构投资者持股占比由1970年初的20%左右上升至2000年的50%以上。

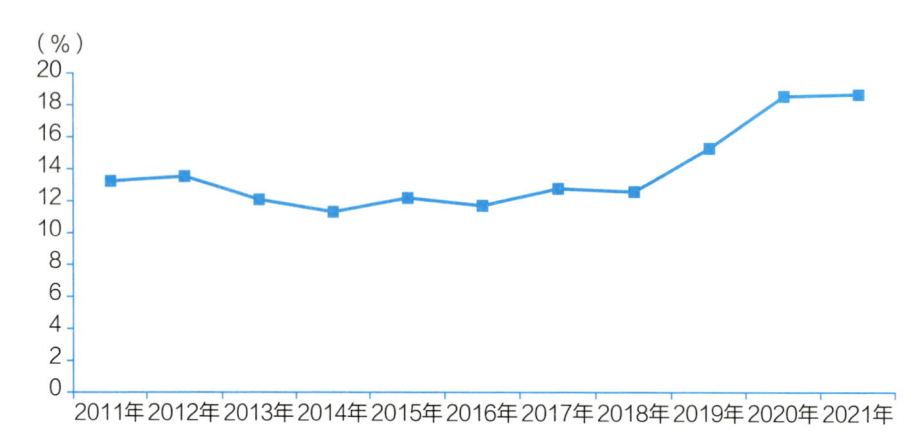

图 4　A 股机构投资者占比创历史新高

》"引进来"凸显中国资产配置价值

目前，中国资本市场正加快推进与境外市场的互联互通。在引进来的道路上，中国资本市场从尝试开放到扩大开放，成效显著，国际影响力持续提升。

从 2003 年 7 月 QFII（合格境外机构投资者）进入 A 股市场；2014 年、2016 年的沪深港通相继开通；A 股纳入 MSCI 新兴市场指数和富时罗素等知名指数，且比重不断提升；债券北向通、互联互通 ETF（交易型开放式基金）相继而来。

外资持仓 A 股市值创新高

这十年间，全球突发事件不断，A 股全球配置价值提升，叠加低估值、低配置等优势，中国资本市场吸引力逐步显现。

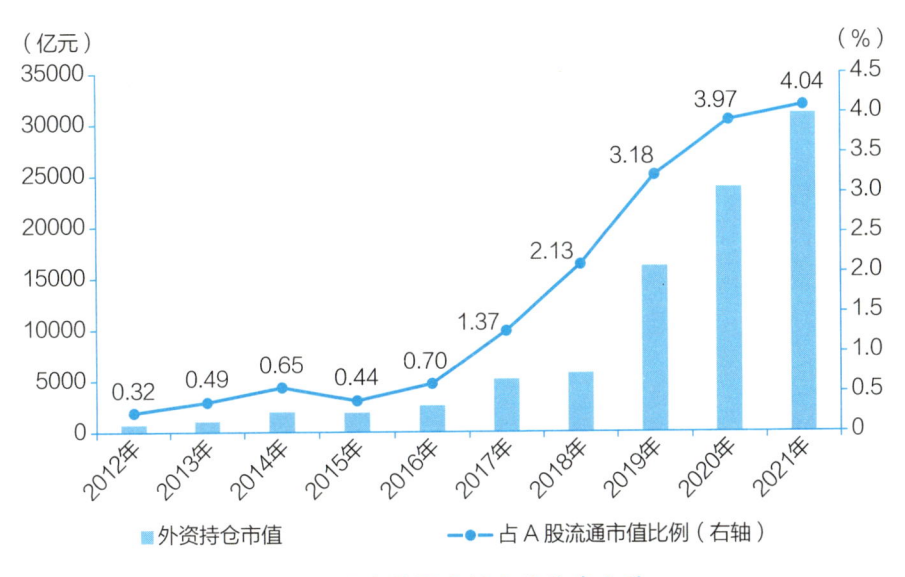

图 5 外资持股市值占比稳步上升

互联互通机制 2014 年开通以来，北上资金持续八年净流入。截至 2022 年 8 月底，北上资金累计净买入金额创历史新高，接近 2 万亿元，最近三年净流入加速。截至 2021 年末，QFII+北上资金合计持仓 A 股市值突破 3 万亿元，较 2012 年增加 42 倍多，其中北上资金持仓市值超过 2.7 万亿元；持有 A 股数量由十年前的百余只到当前超 2600 只，其中北上资金持股超过 2000 只。

外资持仓流通市值占比稳步上升。截至 2021 年末，外资持仓市值占比达 4.04%，刷新 2020 年 3.97% 的最高纪录。

外资持仓中国债券比例逐年上升

2017 年债券通（北向通和南向通）开通，境外投资者通过香港债券市场，投资内地银行间债券。伴随人民币国际地位的提升，以及全球通货膨胀高企背景之下，境外投资者对持有中国债券的兴趣大增。

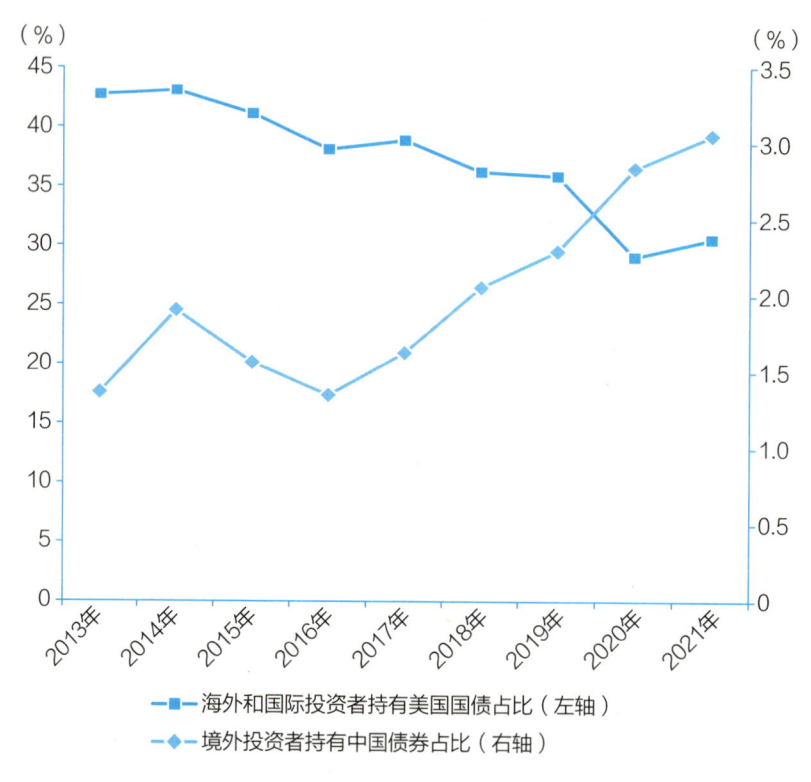

图 6 境外投资者持仓中国债券比例创新高

截至 2021 年末，境外机构（含个人）在中国债券市场的托管余额首次突破 4 万亿元，是 2013 年的 10 倍多。境外机构托管债券占比自 2016 年以来逐年上升，2021 年末达到 3%，创历史新高。其中境外机构持有国债 2.45 万亿元，是境外机构第一大持有券种。

》"走出去"中国资产主动拥抱世界

新时代的资本市场开放是双向的，提升资本市场影响力的关键，不仅要深入推进改革，同时也要积极进行双向开放。相比"引进来"，中国资本市场"走出去"的探索更早。目前，境外上市中资股规模持续上升、债券国际化水平提升，企业"出海"创造佳绩。

境外上市中资企业数量稳定上升

年份	香港中资企业数量	美国中资企业数量
2012年	657	73
2013年	701	78
2014年	759	88
2015年	820	97
2016年	867	107
2017年	912	131
2018年	977	165
2019年	1051	200
2020年	1127	235
2021年	1184	273
2022年	1207	281

图7 赴港美上市中资企业数量较十年前翻倍

证监会在今年7月底召开的2022年系统年中监管工作会议表示，积极支持符合条件的企业境外上市。境外上市中资企业分布在美国、中国香港、新加坡、加拿大等国家（地区），其中在中国香港、美国市场较为集中，截至2022年9月底（剔除退市股，下同），两地上市中资企业数量合计近1500家，较十年前翻倍，数量稳定上升。

过去十年，赴美上市中资企业由大型国企转变为互联网民营企业。赴美上市的中资企业有400余家，目前中概股有281家，较十年前增加近3倍，京东、阿里、拼多多等互联网巨头先后在纳斯达克、纽约交易所上市。香港中资企业（含A+H股）有1207家，数量较十年前增加80%。

8月下旬，证监会、财政部与美国公众公司会计监督委员会签署审计监管合作协议，于近期启动相关合作，中概股退市风险有所缓和。签订协议后，盈喜集团、见知教育科技等先后在纳斯达克交易所上市。

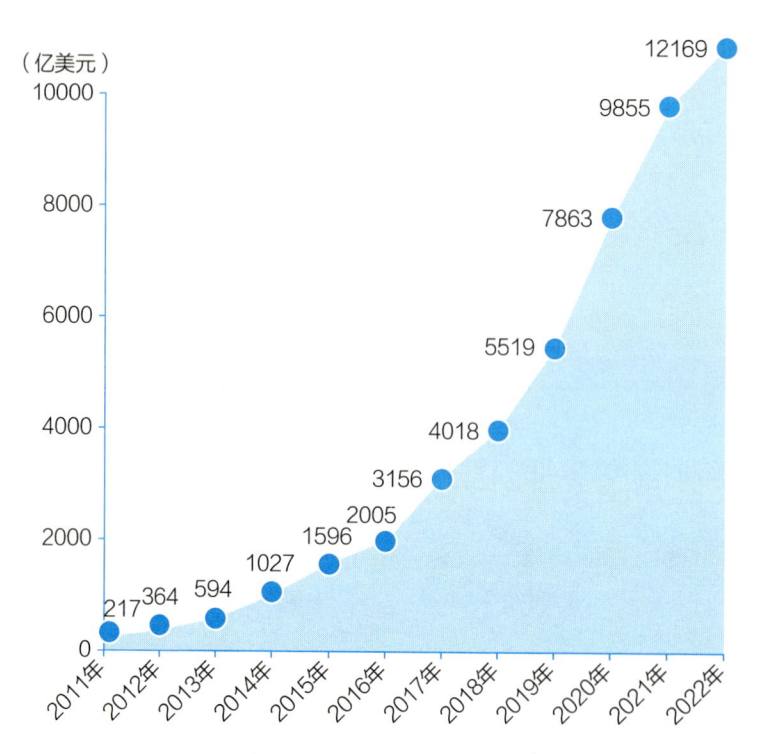

图8　中资境外债发行规模突破万亿美元

图9　A股上市公司海外营收贡献度创新高

"功夫债"成亚洲债市中坚力量

债券市场对外开放对中国经济增长和金融市场国际化进程发挥了重要作用。中国外债管理体制不断改革创新，鼓励和便利中资机构境外发债融资。这十年，中资境外债（"功夫债"）快速发展，目前已成为亚洲债券市场的主要品种之一，在国际资本市场也占据重要位置。

2015 年是中资境外债发展的关键时点，发行 1 年以上债务工具由以前的审批制度改为事前备案制。自 2016 年起"功夫债"发行量大幅提升，今年 2 月份，中资境外债存量余额首次突破万亿美元。截至 2022 年 9 月底，中资境外债余额创历史新高，达到 1.22 万亿美元，为十年前的 32 倍。金融机构、房地产、工业、可选消费等行业企业是主要发行主体，其中金融机构发行量占比超过 32%。

"中国创造"出海规模持续上台阶

从资本市场再到实体经济，走出去的不仅有资本，还有实体制造，从"十二五"起步到"十三五"快速崛起，中国迎来了由"中国制造"向"中国创造"的华丽转型，自主化进程加速，出海贡献度由传统制造业向创新型、科技型赛道切换，中国创造国际认可度稳步上升。

证券时报数据中心统计，自 2012—2021 年，A 股上市公司的海外营收占比提升近 3 个百分点，2021 年 A 股上市公司海外营收首次突破 6 万亿元，占营业总收入比例创历史新高，达到 16.07%。"十四五"开局第一年，海外营收占比或再上新台阶，2022 年上半年，A 股上市公司海外营收合计 3.01 万亿元，占总营收比例高达 17.62%。

（资本市场研究院研究员张娟娟，原载《证券时报》2022 年 10 月 12 日 A004 版）

04

科技创新篇

资本活水精准浇灌　科技创新硕果满园

全社会研发投入十年增长 1.7 倍，位居世界第二；全球创新指数排名十年上升 22 位，是全球唯一持续快速上升的国家……过去十年，中国的科技创新交出了一份亮眼的成绩单。在这份成绩单的背后，中国经济的中流砥柱——上市公司群体在资本"活水"的精准灌溉下，科技创新结出了累累硕果：企业规模和实力迅速壮大，科技产品落地走向市场，研发强度不断加码，人才加速涌入，创造力极大激活。

中上协数据显示，2021 年，非金融类上市公司研发投入金额合计约 1.31 万亿元，同比增长 23.53%；高强度的研发投入结出一系列创新成果，非金融类上市公司的专利数量从 2020 年末的 122.7 万件增加至 2021 年的 145 万件，增加了 18%。一大批"硬科技""三创四新""专精特新"企业快速成长。

当下，科技、产业、金融相互塑造、良性循环的格局正在形成。资本市场搭台，科技、产业、金融唱戏，将过去科技和金融的弱联系变成了现在的强耦合。随着资本市场不断深化改革，促进创新资本形成的机制不断强化，将进一步赋能科技创新，助力中国经济转型升级和高质量发展。

» 资本"活水"源源不断

在宁德时代的生产车间里，忙碌的有轨穿梭小车（RGV）按照设定的轨道自动搬运材料，放入不同的设备中，被大众、宝马、奔驰争抢的电芯就在这里生产出来。美的集团的"灯塔工厂"里，智慧物流无人运输小车平稳运行、轻松避障，分秒跃动的中枢数据大屏精确实时把脉家电生产制造过程中的健康状态。比亚迪5G创新工厂里，员工佩戴AR头盔指导生产，工业视觉取代"人眼+人脑"，工厂管理效率提升20%，生产效率提升15%，车标错漏贴率降为0……放眼当下，科技正为各行各业赋能，成为企业提质增效、高质量发展的重要"引擎"。

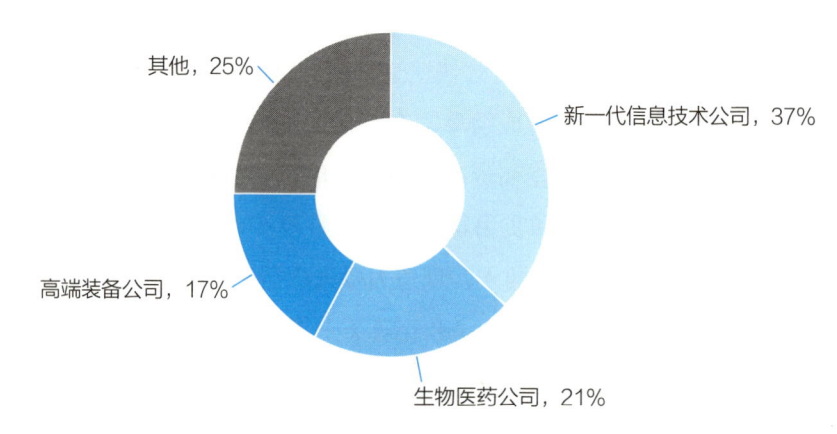

图1 科创板上市公司数量分布（截至2022年7月12日）

截至2022年7月12日，科创板上市公司数量已达到435家累计IPO导资额达到6293亿元；创业板的上市公司数量从首批28家，增加至如今超1100家，累计IPO金额超7200亿元；创业板中的战略新兴产业公司IPO募资占板块总体超50%，再融资募资金额占板块总体超75%。

数据来源：wind

然而，对企业来说，科技创新意味着技术迭代要快、资金消耗很大、产业化风险较高，这些都考验企业的资金实力和技术积累。资本市场在这些方面展示了独特的优势：一方面能为企业提供直接融资的渠道，另一方面能以自身的包容性，担负起企业的试错成本。在资本市场丰沃的土壤里，一大批"硬科技""三创四新""专精特新"企业正快速成长。

2.3万亿元——这是党的十八大以来A股市场IPO总金额。在资本"活水"的浇灌下，上市公司拔节生长。目前，中国股票市场稳居全球第二，上市公司数量突破4800家。6.16万亿元——这是近十年A股上市公司的研发支出总金额。资本市场推动着资金向创新领域涌动，为上市公司进行科技创新"添了一把火"。

在这里，创新种子逐渐孵化成创新项目；创新火苗越烧越旺，形成燎原之势；一个个离散的点，在资本市场无形的手的牵引下，串起、织网、构建成一个生机盎然的创新生态。"通过资本市场的融资和再融资，我们实现了从产业布局，到构建科研生产能力，再到投资扩产、提升产能等一系列发展计划，进一步满足了客户和市场的需求。"高德红外董事长黄立表示，自2010年登陆资本市场以来，公司进入了发展的快车道，动力十足。

德方纳米董秘何艳艳对记者表示，自2019年IPO上市以来，公司于2020年及2022年创业板注册制下先后高效完成12亿元及32亿元向特定对象发行股票融资，陆续实施曲靖德方一期、二期、三期募投项目。上市以后，公司的产能规模和业务规模都实现了大幅增长。截至今年3月底，公司总资产规模已经突破146亿元，公司员工总数接近5000人。

过去十年，我国多层次资本市场不断完善，尤其在股票市场上，多个板块的设立和改革，都进一步释放了科技创新的活力。截至2022年7月12日，科创板上市公司数量已达到435家，累计IPO募资额达到6293亿元。在这435家上市公司中，新一代信息技术公司占比约37%，生物医药公司占比约21%，高端装备公司占比约17%。

值得一提的是，多元包容的上市标准，让更多符合国家战略、突破关键核心技术，包括暂未盈利的科技创新公司也可以通过科创板陆续登陆资本市场。科创板推出的这三年来，艾力斯、迈威生物、拓荆科技、上海谊众等一大批尚在研发高投入阶段的企业，便是凭借此项制度突破顺利登陆了资本市场。

对于持续聚焦"三创四新"的创业板，自设立以来，创业板的上市公司数量从首批28家，增加至如今超1100家，累计IPO金额超7200亿元。创业板以九大战略性新兴产业为支柱，产业结构与A股整体存在明显区别，其中新一代信息技术、生物产业、新材料、高端装备制造等多个产业有效集聚，也呈现出强大的"吸金"能力：创业板中的战略新兴产业公司IPO募资占板块总体超50%，再融资募资金额占板块总体超75%。

» 加码科研 勤练内功

研发投入是企业不断增强科技实力和竞争力、持续创造价值的"主引擎"。在资本市场直接融资的支持下，上市公司勤练内功，加码研发投入，企业的发展动力显著增强。

何艳艳表示，德方纳米始终将研发创新视为保持核心竞争力和市场领先地位的关键驱动力，不断加大研发投入，推动研发团队建设，通过有效的激励措施，公司研发团队的创新能力和积极性大幅提升，研发成果显著。

何艳艳介绍，自公司2019年上市至今年3月，公司累计投入研发费用达3.65亿元。目前，公司共计申请专利207项，已获授权专利76项。研发投入持续增加，企业的产品竞争力则不断增强。公司的核心产品磷酸铁锂性能不断提升，产品正不断迭代。与此同时，公司还成功开发了补锂剂材料和新型磷酸盐系正极材料，丰富公司产品种类的同时，进一步提升公司的盈利能力。

再看高德红外，黄立介绍，公司上市之初，凭借募集的资金，完成了产业布局，投资建设了现代化的红外热成像系统的产业化基地，实现了核心器件国产化投产，构建了完整高端武器系统科研生产能力。2015年，公司通过上市后首次再融资的资金，实现了高科技武器系统产业化项目及公司制冷性探测器及Ⅱ类超晶格产业化项目的全力推动；2020年，公司开展了上市以后的第二次再融资，募集的资金用于提升红外核心器件的产能及民用标准化模组产能,加快新一代探测器技术平台的建设工作,进一步扩大公司在红外行业的核心优势。

登陆资本市场,企业获得宝贵的直接融资,持续不断投入科技研发,大大释放了科技的第一生产力。中南财经政法大学数字经济研究院高级研究员金天在接受证券时报记者采访时指出,过去十年来,中国资本市场在服务科技创新方面取得了巨大进步,科创板、北交所等相继开市,与已有的新三板、创业板等实现错位发展、互联互通,无论是具有硬核科技的高精特新小巨人企业,还是相对更早、更小、更新的科技企业都能在多层次资本市场体系下得到相应融资服务。与此同时,对于已经上市的成熟企业,资本市场的资源配置功能也在引导企业持续优化资金投向,加快核心技术研发。

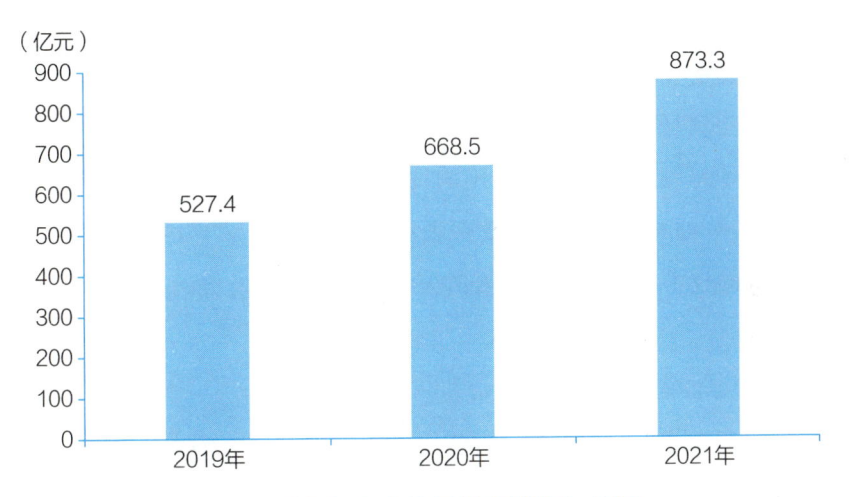

图 2 科创板上市公司的研发投入总额

分板块来看,历经三年淬炼的科创板"硬科技"成色愈加凸显。2019—2021 年,科创板上市公司的研发投入总额分别为 527.4 亿元、668.5 亿元及 873.3 亿元,累计研发投入金额超 2000 亿元;平均每家上市公司的研发投入总额分别为 1.2 亿元、1.6 亿元和 2 亿元,呈现出逐年增长趋势。截至目前,科创板上市公司总计获得约 8 万件专利,平均每家上市公司的专利数量为200件；其中发明专利数量多达6.5万件，平均每家上市公司的发明专利数量超过150件。

装上了"注册制"引擎的创业板，服务高新技术企业、成长型创新创业企业动力更强劲。2021年，创业板上市公司研发强度高达4.9%，高于深市整体的3.3%，持续增长的研发投入换来的是科技创新硬实力的增强。目前，创业板拥有与主营相关的核心专利技术13万余项，近六成公司的产品和技术实现了进口替代，解决一批"卡脖子"技术难题。例如，先导智能生产的卷绕及叠片等锂电池核心工艺设备，全球市场占有率全球第一，技术水平远超日韩设备水平，实现了完全的国产替代并出口至欧美日韩客户工厂。深市公司在增强自身竞争力的同时，也有效带动了产业整体转型优化。华润材料成功突破PETG特种聚酯等新型材料技术，为我国工程塑料和高端包装材料产业补上了短板，同时能够有效降低生产能耗和温室气体排放，大幅提高行业生产效率。

"现在我们公司已经在高端装备研发制造与保障、航空工程技术与服务、微电子等领域取得较为突出的技术成果，这是公司持续做强做大的根本保障。"海特高新董事长李飚表示，从公司30多年的发展实践经验看，强大的技术研发投入和良好的公司治理是公司发展的长远动力。

» 创新激励　稳住骨干

资本市场支持科技创新，不仅体现在直接融资直达重大创新项目上，也体现在为企业的科技创新提供灵活、多样的激励机制上。

"上市之后，我们陆续实施了三期限制性股票激励计划，激励对象覆盖核心管理人员、核心技术人员、核心业务人员等。"何艳艳说，公司通过实施股权激励，给予激励对象相应的股权，使广大激励对象能够以主人翁的态度参与公司决策、分享公司利润、承担风险，实现员工个人利益与公司利益的绑定，从而大大提高了激励对象的积极性、主动性和创造性，同时也对公司吸引和留住核心人员发挥了重要作用。

何艳艳表示，自2019年实施股权激励以来，公司的经营业绩实现了大幅增长，营业收入由10.54亿元增长至48.42亿元，年复合增长率达到114.32%，净利润从1.01亿元增长至8.04亿元，年复合增长率达到181.85%。

2021年底，科创板已汇聚一支超过14万人的科研队伍，平均每家公司超过330人，占公司员工总数的比例接近三成。为有效激发人才创新活力，截至今年4月末，有226家科创板公司在上市后推出了283单股权激励计划，占科创板公司总数的54%，惠及逾5万人次科技人才。

随着创业板股权激励机制改革引入第二类限制性股票激励模式，新型股权激励方案持续涌现，市场热情高涨。据悉，第二类限制性股票激励模式，允许公司在满足相应获益条件后，将授予股份分次登记至激励对象名下，突破了60日内完成授予登记的限制，同时对于登记时任职期限已达12个月以上的激励对象，其实际获授权益登记后可不再限售。这种激励模式更为灵活，大幅减轻员工出资压力。

数据显示，2021年，171家创业板公司披露了238单股权激励计划方案，其中174单方案使用第二类限制性股票作为激励工具，占比达73.11%。

南开大学金融发展研究院院长田利辉认为，资本市场是我国科技创新事业的助推器，不仅提供了科技创新亟须的股权融资，而且通过股权激励凝聚了科技创新的团队。

» 改革赋能　效果明显

科创板设立并试点注册制改革落地，创业板注册制改革实施、北京证券交易所平稳开市，科创板持续优化生态，深市主板中小板合并……近年来，资本市场在落实创新驱动发展战略、支持科技创新方面推出了一系列举措。改革赋能，国内多层次资本市场不断完善布局、更趋成熟；多层次资本市场错位发展、各具特色，形成适度竞争、互补互联格局。

在多个面向科技前沿的"硬科技"领域，科创板已汇聚一批涉及各产业链环节、多应用场景的创新企业，在促进科技、资本和产业高水平循环中更进一步。今年6月，上交所又将科创板第五套上市标准的适用企业范围从创新药企业拓宽至医疗器械企业，标志着科创板包容性进一步增强。

聚焦"三创""四新"板块定位，创业板积极推动科技与资本深度融合，创新要素加速集聚，创新活力更为凸显，为我国实现创新驱动发展战略、经济高质量发展注入更大动力。截至目前，创业板高新技术企业数量占比超九成，战略性新兴产业企业占比近六成。在产业集群发展的带动下，创新成果遍地开花。

今年5月，在证监会的指导下，沪深交易所在前期试点基础上正式推出科技创新公司债券，并发布相关指引，进一步增强资本市场对科技创新企业的融资服务能力。据证监会介绍，前期，沪深交易所已开展科技创新债试点工作，中国诚通、国新控股、小米通讯、TCL科技、中关村发展、深创投等企业共发行31只产品、融资253亿元，资金主要投向集成电路、人工智能、高端制造等前沿领域。

促进创新资本形成，构建"投早、投小、投创新"市场生态，即将迎来开市一周年的北交所致力于打造成服务创新型中小企业的主阵地，不断完善全链条支持中小企业科技创新的资本市场体系。目前，北交所存量上市公司数量突破百家，"小而美"特征突出。

当前，国内外发展环境面临深刻变化。放眼全球，国际环境日趋复杂，不稳定性不确定性因素明显增加。聚焦国内，我国经济已由高速增长阶段转向高质量发展阶段，正处在转变发展方式、优化经济结构、转换增长动力的攻关期。

在全球科技竞赛加速的背景下，资本市场该如何继续深化改革、助力科技创新更上一台阶？对此，田利辉认为，未来我国资本市场应该更加包容，允许不同形态的科技创新企业上市发展；应该更加具有前瞻性，及早发现科技创新企业的潜在价值；应该更加规范，形成有助于科技创新企业长足发展的监管机制。

金天认为，伴随全面注册制改革逐步落地，市场"有进有出、优胜劣汰"的正向循环机制正在形成，这有利于保护更多真正需要融资支持的创新型企业。"未来，中国资本市场需要进一步加大对投入产出周期比较长、试错成本相对更高的硬科技企业的支持力度。此外，部分已上市企业正向内地及香港市场回流，国内各类资本应尽早做好承接准备。"他说。

（证券时报记者卓泳、吴少龙，原载《证券时报》2022 年 7 月 13 日 A001 版、A004 版）

奔向繁荣：资本市场这十年

资本市场全力加持
中国经济"含科量"大幅提升

习近平总书记6月28日在湖北省武汉市考察时强调，科技自立自强是国家强盛之基、安全之要。习近平总书记始终高度重视关键核心技术这一"国之重器"，多次强调坚持创新的重要性，不断推动实现高水平科技自立自强。

关键核心技术的突破，科技自立自强的实现，资本市场均发挥着不可替代的作用。习近平总书记在武汉"光谷"考察的华工激光工程公司就是因资本市场助力而腾飞的典型代表。华工激光的母公司华工科技脱胎于华中科技大学的科技成果转化，2000年在深交所上市，成为中国资本市场上第一家以激光为主业的高科技企业。20多年来借助资本市场的平台加持，华工激光不断实现在关键核心技术上的突破，攻关解决"卡脖子"难题，让更多知识产权的核心技术掌握在自己手中。

聚力创新，资本市场发挥着重要链接作用，诸如华工科技这样的"硬核"企业仅仅是一个缩影。过去十年，资本市场每年的IPO家数从2012年的156家增长到2021年的481家，融资额也从2012年的1034亿元攀升到2021年的5351亿元，IPO家数和融资额在去年创下十年新高。随着全面注册制改革的扎实推进和科创板的推出，资本市场各个板块推动着中国经济的高科技企业蔚然成林，"含科量"不断提升。

表 1 2020 年一季度中国股权投资市场行业分布

行业	投资案例数量	投资金额（亿元）
信息技术	540	353.03
半导体及电子设备	445	448.02
生物技术/医疗健康	427	312.96
机械制造	137	71.02
互联网	134	63.37
化工原料及加工	85	65.71
连锁及零售	59	19.06
食品及饮料	57	29.90
清洁技术	53	90.80
汽车	47	139.10
金融	39	38.77
娱乐传媒	36	22.36
电信及增值业务	21	171.25
物流	14	20.34
建筑工程	11	21.15
教育及培训	10	0.47
纺织及服装	9	0.55
农林牧渔	8	11.47
能源及矿产	6	29.41
房地产	3	54.75
其他	14	4.73

数据来源：清科研究中心

» 多层次资本市场 集体加持"硬科技"

过去十年，是资本市场跨越式发展的十年。资本市场成为经济高质量发展的重要推手,肩负经济结构调整和增长方式转变的重要责任。不论是科创板率先试点注册制,创业板存量和增量公司推行注册制改革,还是北交所的开市,都将成为中国资本市场发展历史上的里程碑。

注册制改革开启了资本市场改革的新时代,中国科技创新、创业、投资迎来高光时刻。多层次资本市场的建设,通过分层融资功能,为不同发展阶段的科技创新企业提供"订制式服务"。各板块形成错位和互补发展,有效满足了我国各行业、各阶段、不同规模的企业对资本市场平台的需求,加速推动了我国科技、资本和产业高水平循环。

毅达资本董事长应文禄接受证券时报记者采访时表示,科技进步是不可逆转的历史进程,科技是历史的杠杆,更是未来竞争的制高点。当下在国内,科技自立自强、产业转型升级已经成为时代主题,社会各界对通过多层次资本市场支持实体经济发展,已经形成了共识。随着注册制全面推进,改革力度持续增强,相信在新能源、生物医药、智能制造领域还会跑出万亿市值的公司。

2018年11月,上海证券交易所设立科创板并试点注册制改革。2019年6月13日,科创板正式开板。科创板设立的初衷是"专注打造中国硬核科技",一大批集成电路、高端装备制造、生物医药行业的科技企业登陆资本市场后快速"起跑",在多个领域逐步实现国内产业链的自主可控。

根据爱集微数据统计,科创板注册制改革以来,半导体行业上市所需时间和其他行业相比最短,平均用时255.5天。以中国大陆技术最先进、规模最大的集成电路制造企业中芯国际为例,从受理到过会,仅用时19天,被称为"闪电过会";从申请到正式上市仅用时46天,刷新A股最快上市纪录。

借助资本市场的力量,目前中芯国际已经成长为中国第一、全球第五大晶圆代工厂商,全球市场占有率约5%,2021年营收356亿元。由于有持续的资本投入,中芯国际在规模、盈利能力、技术等方面,与世界先进同行的差距正在缩小,市场占有率也有望继续提升。

历经三年淬炼,科创板"硬科技"成色愈加显现。Wind 数据显示,截至 7 月 4 日,科创板 432 家上市公司,新一代信息技术产业板块的公司数量达到 160 家,占比高达 37%;生物产业公司 92 家,占比 21%;高端装备制造产业公司 75 家,占比 17%;新材料产业公司 55 家,占比 13%。

从试验田到新高地,科创板探索发展的每一步,对我国资本市场都意义非凡。三年来,科创板制度体系逐步完善,一系列创新制度落地见效,为"硬科技"企业支撑起一片新天地。

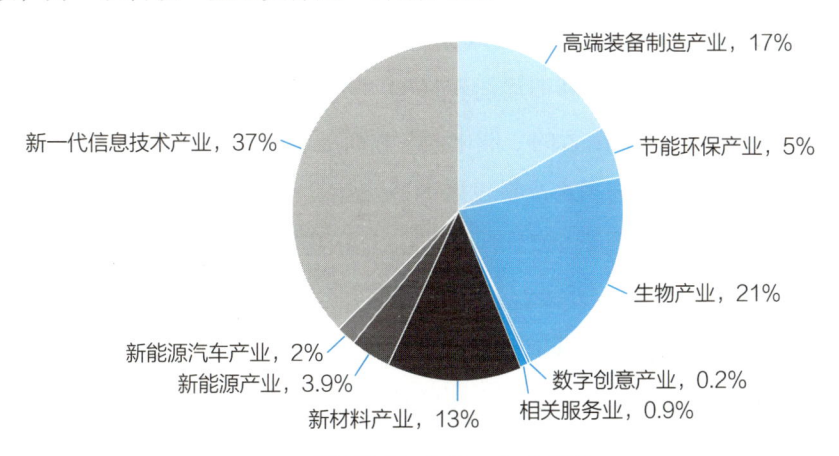

图 1 科创板上市公司行业分析

"科创板及注册制的推出,特别有利于两类硬科技型企业的发展。"基石资本董事长张维说,"一是与欧美处于同等发展阶段的新科技企业,如人工智能和 5G 等;二是与欧美相比差距较大的硬科技企业如芯片、高端装备、基础材料等。"而在科创板创立之前,承载着服务创新型成长型企业使命的创业板市场已经扬帆启航多年。

2020 年 8 月 24 日,创业板试点注册制下首批 18 家企业成功上市,标志着创业板改革并试点注册制正式落地,服务成长型创新创业企业,支持传统产业与新技术、新产业、新业态、新模式深度融合。

技术攻关和自主创新的速度在加速推进。中国证监会副主席李超近日表示，2021年，科创板、创业板上市公司研发强度分别是9.6%和4.6%，远远高于其他板块，比未上市公司的比例更高，对全社会形成科技创新良好氛围起到了积极作用。

除了深沪交易所，北京证券交易所的设立，也成为资本市场助力科技创新企业的另外一个舞台。贝特瑞、富士达等国家级专精特新"小巨人"企业在北交所崭露头角。截至2022年7月4日，北交所上市公司突破100家，战略新兴产业、先进制造业、现代服务业等占比近90%。

产业发展强劲有力，资本助推汹涌澎湃。作为多层次资本市场重要的组成部分，VC/PE已经用实践证明了在科技创新和上市公司高质量发展中的作用：成为促进新旧动能转换的"发动机"、推动经济结构优化的"助推器"、优化资源配置的"催化剂"和服务实体经济发展的"生力军"，同时，也成为上市公司高质量发展的好伙伴。

从规模来看，截至2022年3月底，在中国基金业协会备案的私募基金管理机构共有2.46万家，其中VC/PE机构1.5万家，管理着13.24万亿的基金，是支持企业获取股权融资最重要、最专业的一支力量。

从IPO贡献度来看，近十年，由VC/PE支持的IPO企业数量稳步增长。最近三年新上市的企业中，上市前获得过VC/PE投资的比例接近70%，在科创板这一比例更是超过80%。在2022年1—5月新上市的129家企业中，有92家在上市前获得过VC/PE机构支持，参与率超过70%，其中科创板高达89.36%。

应文禄强调，资本市场各行各业龙头企业云集，已经成为引领中国经济高质量发展的主力军。大部分长跑型、青睐科技投资的机构成为科创板和创业板的最大受益者，对硬科技的投资正让创投机构和科技创新走向良性循环的通道。

》国资民企八仙过海　争相赋能科技创新

2021年12月，专注于功率半导体研发销售的芯导科技登陆科创板。而在上海集成电路设计产业园新发展片区集贤中心，有7家芯片相关企业已经或即将在科创板上市。上海集成电路设计产业园位于上海浦东张江，是上海市首批特色产业园区之一。园区自2018年开园以来，已引入130多个优质产业项目，涵盖集成电路设计、制造、封测、装备材料等全产业链。

上海集成电路设计产业园只是上海集成电路高速发展的缩影。上海目前已经是国内集成电路产业链最完备、综合技术水平最高的地区，从设计、制造、封装测试，到材料、设备，芯片产业链五大关键领域，均有龙头企业布局。从体量上看，上海集成电路产业规模占全国1/4，集中了中国1/3以上的晶圆厂、封测厂，还有占比超过30%的芯片设计和最核心的掩膜版等各种核心元器件原材料厂商。截至2021年底，集成电路上市企业中上海企业数量占比达到三分之一。

复旦大学微电子学院院长张卫曾经表示，尽管我国集成电路产业在过去10多年有了长足的进步，但总体上创新能力还比较弱，关键技术受制于人，产业生态尚未形成。

上海持续加大对集成电路产业和软件产业的扶持，并于2012年、2017年、2022年出台三轮综合性支持政策。而上海国资在推动上海集成电路产业的高速发展上功不可没。2015年成立的上海市集成电路产业基金，基金规模500亿元，采用"3+1+1"格局设立三个行业基金，即100亿元设计业并购基金、100亿元装备材料业基金、300亿元制造业基金，由上海市政府主导，并由上海汽车集团股权投资有限公司、上海科技创业投资（集团）有限公司、上海国际集团有限公司等国企共同发起创立。2022年1月，上海印发《新时期促进上海市集成电路产业和软件产业高质量发展若干政策的通知》，明确提出要继续扩大集成电路产业基金规模，上海市国有投资平台企业、相关园区开发平台联合增加对上海集成电路产业投资基金、集成电路装备材料基金募资支持。

上海国资重金投入，也在资本市场获得了丰厚回报，包括中芯国际、格科微、复旦微电、中微公司、聚辰股份、沪硅产业等半导体企业上市后股价均较招股价大幅上涨。

上海只是国资支持科技创新产业的一个缩影。据清科数据，中国已设立的政府引导基金中，投向战略新兴产业的基金规模占比高达61.3%。

在国家层面，国家集成电路产业基金（简称"大基金"）一期，成立于2014年，以中国烟草、中移动、上海国盛、亦庄国际等为主要出资人，规模达到了1387亿元。大基金二期规模高达2000亿元。此外，大规模的国家产业基金还包括国家制造业转型基金，规模1472亿元；国家军民融合基金，规模560亿元；国家中小企业发展基金，规模350亿元等。高强度的投资催生了我国芯片上市公司和独角兽的繁荣发展局面。

除了上海国资大力支持的芯片产业，安徽国资也持续助力京东方，还雪中送炭支持"最惨中年人"李斌，以70亿真金白银投向困境中的蔚来汽车。2019年，蔚来股价自低点上涨30倍。安徽国资创投神话自此出圈。

国有投资机构深度参与关键产业的布局，背后既有践行国家发展战略需求，拉动产业链上下游投资，同样也不能忽略国资对资本市场高回报的期望。

前述大基金一期，拉动包括各地区集成电路产业投资基金在内的社会投资共计4651.7亿元。而资本市场给予大基金的回报也相当可观。大基金一期共投资20家上市公司，近367亿元。截至2022年6月30日，持股市值上涨超过一倍。

在国资的引领下，市场化投资机构更是竞相加大硬科技方面的投入。2021年初，高瓴创投公布，过去一年中投资的超200个项目里，技术驱动型公司占到78%，其中硬科技投资超过80起。而2021年9月，红杉中国沈南鹏披露，近年来硬科技项目已经超过红杉投资组合的 80%。头部产业 VC 腾讯同样加码硬科技赛道，自 2020 年初至今，腾讯投资了超过百家科技企业，涉及云服务等多个领域，且多以早期投资为主。

清科研究中心发布的《2022 年第一季度中国股权投资市场研究报告》显示，排名前三的是信息技术、半导体及电子设备和生物技术，不管是数量和投资金额，占比均超过 60%。

» 科学家下海创业　成资本市场亮丽风景线

2022 年 5 月 27 日，人工智能四小龙之一云从科技登陆科创板。加上此前在香港上市的商汤科技，四小龙已经有两家登陆资本市场。而另外两家，旷视科技和依图科技的上市也在有条不紊地进行当中。这四家企业的创始人，或是业内顶尖的科学家，或是毕业于知名高校。

云从科技诞生于中科院的一间实验室。创始人周曦毕业于中国科学技术大学、美国伊利诺伊大学香槟分校，师承美国"计算机视觉之父"黄煦涛教授。商汤科技创始人汤晓鸥先后在香港中文大学和微软亚洲研究院从事计算机视觉相关领域的研究，目前仍然在香港中文大学担任教授职位。依图科技联合创始人朱珑曾在麻省理工人工智能实验室担任博士后研究员，旷视科技三位创始人均毕业于清华大学姚期智实验班。

事实上，人工智能行业作为过去十年最热门的科技赛道，吸引了众多科学家参与其中，而创投机构在背后起着推波助澜的作用。在科创板上市之前，云从科技累计完成 4 轮融资，总融资金额超过 30 亿元，背后不乏元禾原点、广州基金、越秀产业基金等知名机构，创投机构的真金白银加持，使得公司自主研发出跨镜追踪、3D 结构光人脸识别、双层异构深度神经网络和对抗性神经网络技术等 AI 技术均处于业界领先水平。

正是得益于创投机构持续地投资，以四小龙为首的人工智能行业得以在国际上处于领先地位。央财智库的数据显示，在人工智能的相关专利方面，2021年我国提交的专利数量是2015年的30倍以上，复合年增率为76.9%，中国的专利申请数已经超过全球一半。

而在半导体、医疗健康等领域急需突破关键技术的背景下，市场投资机构甚至主动到高校挖掘科技成果转化项目，以投资高校教授、科学家为投资策略，成为高校科技成果转化的重要推动力。近两年，股权投资市场对高校科技成果转化项目的关注度明显提升，甚至出现了一波创投机构排队"抢"科学家的浪潮。

除了一级市场，科学家背景的上市公司同样在二级市场吃香。量子通信第一股国盾量子，上市首日股价涨幅一度超过1000%，打破了科创板涨幅纪录。其第二大股东潘建伟，为中科大常务副校长、中科院院士。

张维认为，科学家创业是中国进入硬科技时代的必然产物。技术创新要求创业团队有长时间的技术积累，这为公司带来又宽又深的护城河，科学家创业的显著优点就是有很强的技术能力。而顶级科学家的才华和时间，是真正意义上的稀缺品。

在我国聚焦高水平科技自立自强的当下，"科技+资本"的有机结合是实施创新驱动战略的重要途径，资本市场这十年正不断通过融资促进、人才激励等多种机制助推企业研发和创新，为经济高质量发展赋能。持续深入的资本市场全方位改革，让更多的科创企业驶上资本市场"高速路"，焕发科技创新新活力。

（证券时报记者陈霞昌、李明珠，原载《证券时报》2022年7月6日 A001版、A004版）

肆　科技创新篇

A股公司科技含量稳步提升
千亿军团"新兴"向荣

中国特色社会主义进入新时代，我国经济已由高速增长阶段转向高质量发展阶段，国企与民企携手迈向新征程。在资本市场上，国有企业在营收、净利、股东回报、社会责任等方面充分发挥了A股市场"压舱石"作用。

民企在科技领域展现出强大的市场竞争力。以民企为主的硬科技行业规模爆发式增长，电力设备行业历史性登顶行业市值榜首，多家民企科技龙头登上市值20强。A股"硬科技"风头正劲，千亿市值军团涌现出一批新兴产业公司，"新兴"向荣景象凸显。

» A股公司研发投入逐年升高

党的十八大以来，我国把创新作为引领发展的第一动力，全面实施创新驱动发展战略，在多个领域实现重大突破，迈入创新型国家行列。科技兴国战略下，上市公司越发重视科技创新，A股市场整体研发投入逐年升高。

证券时报·数据宝统计，2021年度A股4600多家上市公司研发支出合计超1.3万亿元，平均每家公司研发支出金额达2.86亿元。从研发力度上来看，去年A股整体研发占总营收比例首次超过2%，相比2012年提升1个百分点以上。

在研发投入快速增长的背景下，知识产权的产出也同步大幅增长。截至去年底，A股上市公司专利总数合计逾129万件，相比2012年底大幅增长3倍多。从均值来看，去年底平均每家上市公司专利数超300件，2012年底平均仅为83件。

央企国企是研发支出总额榜常客，中国建筑、中国中铁、中国石油等多家央企去年研发支出超过200亿元。上市民企在研发投入力度方面大，去年A股研发力度20强中有七成为民企。上市民企研发投入力度逐年增强，去年研发投入超过4600亿元，投入力度达到3.49%，创出10年来新高，相比10年前大幅提升近1.4个百分点。民企对整个A股的研发强度贡献越来越大，去年研发支出合计占整个A股比例为35%，创出10年来新高，相比10年前大幅提升超11个百分点。

图1 A股上市公司历年研发支出一览

》"硬科技"风头正劲

随着科创板设立及创业板注册制改革，越来越多的战略性新兴产业步入资本市场。奋进新征程，建功新时代，民营企业正是这个伟大时代的见证者、建设者和受益者。

肆　科技创新篇

数据宝统计，创业板及科创板中，有八成公司为民营企业。民企在科技行业的占比显著高于A股整体，"硬科技"公司中（包括申万一级电力设备、医药生物、电子、计算机、国防军工以及申万二级自动化设备等行业），超过七成为民企。

整体来看，"硬科技"板块在A股市场持续成长，10年来新增逾千家上市公司，市值占比从10年前的13%左右提升至近32%。以新能源为首的电力设备行业总市值超过银行业，历史性登顶申万一级行业市值榜首，彰显新能源大国地位。

"硬科技"风头正劲。截至2022年9月末，申万一级行业市值榜前五分别是电力设备、银行、医药生物、食品饮料、电子，这五大行业市值合计占A股总市值比为40%左右，其中有三个"硬科技"行业位列其中。对比10年前（2012年），市值前五分别是银行、石油石化、非银金融、医药生物、房地产，这些多数为传统行业。

创新驱动成长，以电力设备为首的"硬科技"板块市值快速增长。电力设备行业今年9月底的市值相比2012年底增超12倍，是增幅最高的行业。电子行业市值增逾10倍，计算机市值增超5倍，国防军工、医药生物市值增超4倍。"硬科技"的另一个重要组成部分——机器人产业，过去10年市值增长超10倍。

不仅是市值的壮大，"硬科技"板块营收、净利也快速增长。"硬科技"板块去年底净利达到6310亿元，相比2012年增长超470%。电力设备、自动化设备两大板块过去两年净利增速均超40%，医药生物净利增速超29%。

在机构看来，"硬科技"未来成长性依然值得期待。机构一致预测电力设备行业净利今明两年复合增长率接近56%，高居申万一级行业第二位。国防军工行业预测净利复合增长率超过40%，计算机、医药生物两大行业超过20%，自动化设备行业接近36%。

» 一批科技企业跻身千亿市值军团

百舸争流,勇争第一。过去十年资本市场涌现出一批影响力大、创新力强、具备全球竞争力的千亿市值科技龙头。数据宝统计,截至9月底,宁德时代、比亚迪、隆基绿能、迈瑞医疗等民营科技企业新晋A股市值20强,这些公司多为行业的全球领导者。对比明显的是,2012年底市值20强绝大多数集中在以金融股为代表的国有企业。

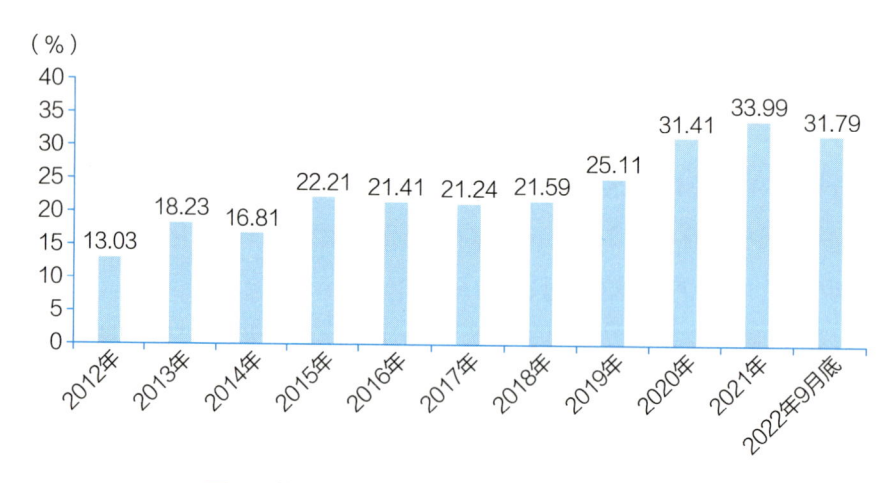

年份	比例(%)
2012年	13.03
2013年	18.23
2014年	16.81
2015年	22.21
2016年	21.41
2017年	21.24
2018年	21.59
2019年	25.11
2020年	31.41
2021年	33.99
2022年9月底	31.79

图2 "硬科技"公司市值占全部A股比例

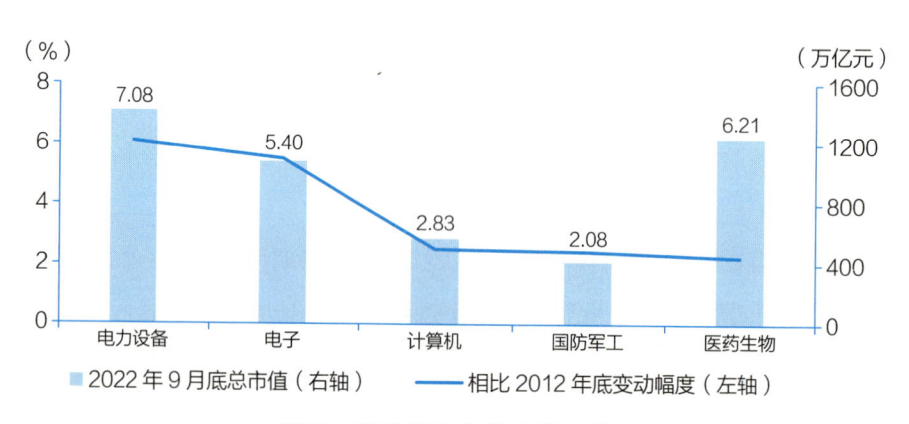

行业	相比2012年底变动幅度(%)
电力设备	7.08
电子	5.40
计算机	2.83
国防军工	2.08
医药生物	6.21

图3 科技行业市值变化一览

千亿市值军团"新兴"向荣，不仅是民企成长，跻身千亿市值行列，还是新兴领域科技龙头崛起。数据宝统计，截至9月底，千亿市值公司中，有30家属于科技行业，占比近26%，包括新能源产业的宁德时代、隆基绿能，医药生物板块的迈瑞医疗、药明康德，电子信息产业的海康威视、立讯精密等。

资本市场每一次重大进步都与顶层设计密切相关。党的十八大以来，我国把创新作为引领发展的第一动力，全面实施创新驱动发展战略，这是A股市场整体"含科量"持续提升的源动力。党的十九大报告中则提出了"建立健全绿色低碳循环发展的经济体系"，吹响了新能源快速发展的号角。

科技发展离不开资本市场的支持。过去10多年来，"硬科技"板块累计IPO募资额超过万亿元，再融资额超过2.5万亿元。从募资占比看，"硬科技"越来越受青睐，今年以来IPO募资额占比达到55%；再融资额占比超过35%，创出10年来新高。

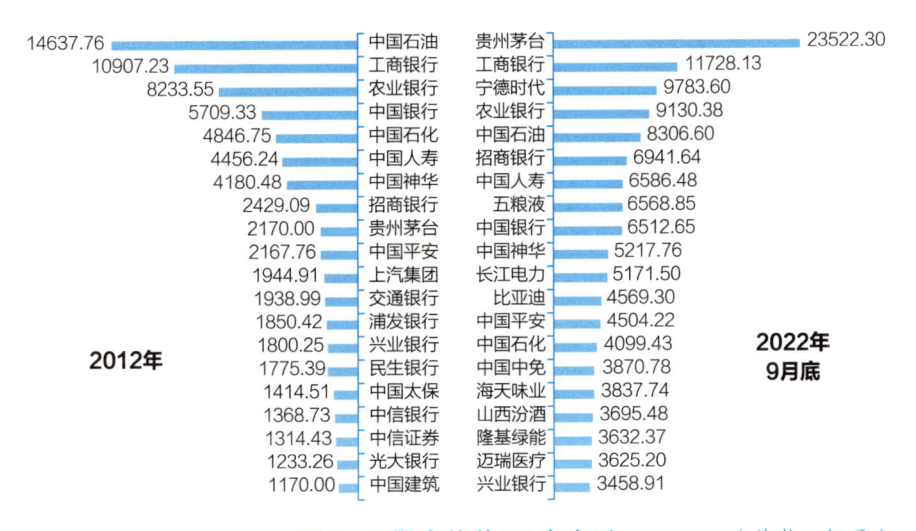

2012年		2022年9月底	
中国石油	14637.76	贵州茅台	23522.30
工商银行	10907.23	工商银行	11728.13
农业银行	8233.55	宁德时代	9783.60
中国银行	5709.33	农业银行	9130.38
中国石化	4846.75	中国石油	8306.60
中国人寿	4456.24	招商银行	6941.64
中国神华	4180.48	中国人寿	6586.48
招商银行	2429.09	五粮液	6568.85
贵州茅台	2170.00	中国银行	6512.65
中国平安	2167.76	中国神华	5217.76
上汽集团	1944.91	长江电力	5171.50
交通银行	1938.99	比亚迪	4569.30
浦发银行	1850.42	中国平安	4504.22
兴业银行	1800.25	中国石化	4099.43
民生银行	1775.39	中国中免	3870.78
中国太保	1414.51	海天味业	3837.74
中信银行	1368.73	山西汾酒	3695.48
中信证券	1314.43	隆基绿能	3632.37
光大银行	1233.26	迈瑞医疗	3625.20
中国建筑	1170.00	兴业银行	3458.91

图4　A股市值前20名变迁　　　（单位：亿元）

》国企与民企齐头并进

面对今年上半年国内外市场的波动，上市国企公司经营规模稳定增长。数据宝统计，今年上半年，1330家上市国企实现营收逾23万亿元，同比增长8.85%；实现净利2.1万亿元，同比增长4.89%。近10年来，上市国企营收净利均呈现稳步增长态势，历年增速均值在7%左右。

站在整个A股市场来看，国企充分发挥了"压舱石"作用。按今年半年报数据，上市国企贡献了A股67%的营收、70%多的净利。股东回报方面，上市国企2021年派现金额超过1.25万亿元，创出历史新高，占A股派现总额超69%。过去4年，上市国企派现额平均占A股比超过68%。

表1 近十年上市国企业绩一览

报告期	上市国企数量（家）	营业总收入（万亿元）	同比增减（%）	净利润总额（万亿元）	同比增减（%）
2022/6/30	1330	23.09	8.85	2.10	4.89
2021/12/31	1322	42.98	19.70	3.49	23.77
2020/12/31	1262	34.73	0.68	2.76	0.39
2019/12/31	1234	33.97	8.40	2.73	4.59
2018/12/31	1212	30.46	10.76	2.52	5.02
2017/12/31	1193	26.67	14.35	2.36	19.61
2016/12/31	1151	22.90	2.75	1.95	1.79
2015/12/31	1114	21.73	-5.73	1.88	-3.12
2014/12/31	1077	22.54	3.30	1.92	4.69
2013/12/31	1053	21.52	7.74	1.82	13.61

伴随着资本市场的发展，民营经济呈现出快速增长势头。截至6月底，A股上市民企达到2933家，占整个市场总数近61%，也是历史统

计以来首次突破60%的大关，相比2012年6月底占比提升超过15个百分点。

在营收方面，今年上半年上市民企营收超过7.2万亿元，占比达到20.79%，创出10年来新高。净利方面，上市民企上半年净利占比达到16.33%；市值方面，上市民企6月底A股总市值占比达到39.39%，同样创出10年来新高。

上市民企在就业方面也发挥着越来越重要的作用。截至去年底，上市民企贡献整个A股市场33.89%的员工，贡献度创出10年新高，相比2012年底提升近15个百分点。薪酬方面，去年上市民企支付给职工的薪酬占整个A股市场比达到23.65%，创出10年新高，相比2012年底提升近13个百分点。

表2 近十年上市民企半年报情况一览

报告期	上市国企数量（家）	上市民企数量占比（%）	上市民企营收占比（%）	上市民企净利占比（%）	上市民企市值占比（%）
2022/6/30	2933	60.81	20.79	16.33	39.39
2021/6/30	2634	59.12	20.20	17.40	39.12
2020/6/30	2246	56.50	18.72	15.81	36.91
2019/6/30	2014	54.73	17.93	13.46	30.93
2018/6/30	1930	54.52	18.63	15.20	33.69
2017/6/30	1783	53.32	17.54	14.21	32.97
2016/6/30	1438	49.40	15.34	13.20	34.08
2015/6/30	1347	48.45	13.06	9.61	29.26
2014/6/30	1169	46.08	11.46	8.45	26.35
2013/6/30	1121	45.44	10.61	7.62	22.20

（证券时报记者陈见南，原载《证券时报》2022年10月13日A004版）

05

地方答卷篇

资本市场实力大增　东西部差距正在缩小

资本市场是现代金融的核心，在配置资本资源、促进经济可持续发展方面有着不可替代的作用。为全面评估十年来国内资本市场的发展水平变化，证券时报旗下中国资本市场研究院从机构实力、上市公司和挂牌公司实力、资本集聚能力、资本利用效率、资本市场活跃度5个维度设置21个指标，编制出"资本市场发展指数"，并对国内31个区域（31个省、自治区、直辖市，以下统称31个区域）的资本市场实力进行了比较分析。

"资本市场发展指数"显示，近十年来，国内31个区域资本市场实力平均提升约40%，日益成为经济要素市场化配置、推动储蓄转化为投资的重要平台，有力地促进了经济结构转型升级和效率提升，推进了区域经济的高质量发展。

» 整体变化：主要指标稳步上行

区域经济的崛起离不开强大资本市场的支撑。将2012—2021年国内生产总值与资本市场发展指数进行相关分析后发现，相关系数高达0.83，计量模型拟合度达0.7，从实证的角度验证了经济的发展与资本市场发展水平的提升息息相关。

"资本市场发展指数"显示，党的十八大以来，中国资本市场实力整体呈现明显的上升趋势。31个区域在2012年的平均得分为25.1分，

2017年上升至33.9

分，2018年小幅下滑至33.3分，随后重拾升势，2020年突破前期高点，2021年升至35.1分，比2012年提升约四成。

分维度指数来看，除资本利用效率外，机构实力、上市公司和挂牌公司实力、资本集聚能力、资本市场活跃度均呈现出上升趋势。

资本利用效率评分的下降，主要与2012年来市场利率较高、企业的净资产收益率难以提升有关。不过，近年来随着经济进入高质量发展新阶段，金融服务实体经济能力的不断提升，区域资本市场的资金利用效率有所提高，31个区域2021年在该维度的平均得分较2019年上升约0.2分。

其他维度指数近十年均有不同程度的上升。其中，机构实力逐年增强，31个区域平均得分上升4.7分，升幅超六成；上市公司和挂牌公司实力平均得分上升5.5分，升幅为168.8%；资本集聚能力平均得分上升1.4分，升幅为25.7%；资本活跃度平均得分上升0.7分，升幅为15.4%。

» 区域格局：东西部差距正在缩小

2012年"资本市场发展指数"排名前五位的依次是北京、上海、广东、浙江、江苏，2021年排名前五位的依次是广东、上海、北京、浙江、江苏，排名前五的区域格局稳定。在位次方面，广东排名由第3位升至第1位，上市公司和挂牌公司实力在五个维度中表现最为亮眼，得分由2012年的7.4分上升至2021年的19分，升幅达1.6倍。

截至2021年末，广东A股上市公司数量达762家，较2012年实现翻倍增长，排名全国第一，总市值超16万亿元，较2012年增长4.4倍，千亿元总市值上市公司达30家，其中招商银行市值破万亿元，中国平安、比亚迪、美的集团等企业市值均在5000亿元以上；新三板挂牌公司数量达974家，总市值超2700亿元，均位居全国首位。

上市公司数量的"井喷"是广东经济高质量发展的见证。广东省金融改革发展"十四五"规划提出,到2025年,金融资本集聚能力不断增强。区域性股权市场挂牌展示企业达到3万家,创业投资基金总规模达到5万亿元,进入管理基金规模前100名的创业投资机构超过30家,在科创板和创业板上市企业达到500家。

中金公司投资银行部执行总经理王胥罩称,广东产业转型升级正逐步取得成效并进入收获期,涌现出一批战略性新兴产业的优秀企业,这类企业也正是资本市场重点支持的对象。广东有望抓住资本市场改革机遇,从而实现IPO数量的爆发性增长。

"资本市场发展指数"显示,2021年排名前十位的区域中,除陕西和四川外,其余都是东部省份;排名后十位的省份中,除江西和海南外,其余都是西部和东北省份,反映出中国资本市场发展水平存在明显的地域差异。总体上看,东部地区资本市场实力强,西部和东北地区资本市场实力较弱,这也进一步验证了区域经济发展状况与资本市场的发展水平密不可分。

图 1 资本市场发展指数变化(2012—2021 年)

数据来源:Choice、Wind、国家统计局、统计年鉴

数据还显示,近年来,西部资本市场整体发展水平逐步提高,西部12个区域的资本市场实力平均得分由2018年的26.4分逐年上升至2021

年的 28.7 分，升幅为 8.7%，其中陕西凭借上市公司和挂牌公司实力、机构实力的大幅提升，2021 年资本市场实力首次闯进前十；东西部资本市场实力平均得分差值百分比逐年下降，由 2018 年的 72.4% 下降至 2021 年的 66%，差距正在缩小。

中国（深圳）综合开发研究院金融发展与国资国企研究所研究员余洋认为，东西部资本市场发展水平差距有所缩小的主要原因有以下几方面：一是随着西部大开发的持续推进，西部地区连续多年经济保持高速增长，平均增速高于东部地区，为西部地区资本市场快速发展提供强大的内生动能。二是西部地区拥有明显的后发优势，通过充分学习和借鉴东部地区利用资本市场发展的经验，在发债、企业上市、做大做强本地金融机构、引进私募基金等方面不断突破，实现在资本市场建设和优化直接融资环境方面对东部地区的追赶。三是西部地区重视资本市场资源的积累，努力承接东部地区资本市场发展产生外溢效应带来的发展红利，在人才引进、优化营商环境、发挥政府基金和国有资本作用等方面做文章，有效缩小与东部地区之间的差距。

» 机构、公司维度：西部区域表现亮眼

从"机构实力"和"上市公司和挂牌公司实力"两个维度来看，西部区域表现亮眼，西藏和贵州分别成为这两项分维度指数进步最快的区域。

"机构实力"维度下设券商、基金、期货注册资本、机构数量、券商总资产、公募基金和私募基金管理规模等指标。

作为资本市场最重要的中介服务机构，证券公司近十年来经营总体稳健，资本实力不断增强。截至去年末，证券行业平均风险覆盖率、资本杠杆率、流动性风险覆盖率等风控指标均大幅超过监管标准线，总注册资本超 6000 亿元，总资产超 10 万亿元，净资产达 2.57 万亿元，较十年前分别增长约 1.6 倍、4.4 倍和 2.4 倍，证券公司高质量发展具备了扎实的基础。

期货公司是期货市场功能发挥的重要中介，助力期货市场打通服务实体经济的"最后一公里"。截至去年末，全国 150 家期货公司总资产达 1.38 万亿元，总注册资本接近千亿元，较 2012 年增长约 1.9 倍，抗风险能力明显增强。

公募基金近十年规模不断扩大，已成为我国资产管理行业的重要标杆。截至去年末，公募市场共有基金管理机构 151 家，较 2012 年接近翻倍增长。公募基金产品体系日益丰富，推出了国企改革、一带一路、科创主题、ESG 主题、养老目标基金等权益类及商品基金等创新产品，全行业基金管理规模破 25 万亿元，为 2012 年底的 8 倍。

私募基金作为多层次资本市场的重要组成部分，在支持创业创新、提高直接融资比重、服务实体经济和居民财富管理等方面发挥了重要作用。截至去年末，在基金业协会登记的私募基金管理人达 2.46 万家，私募基金管理规模达 19.8 万亿元，年复合增速超三成，呈现良好发展态势。

从具体区域来看，31 个区域在"机构实力"维度的评分较 2012 年均有不同程度的上升，其中西藏排名提升最多。截至去年末，有东方财富、华林证券 2 家券商注册在西藏，区域券商总资产较 2012 年增长约 14 倍；公募基金、私募基金管理规模分别达 1348.9 亿元、3764 亿元，均位列全国第 7 位。

西藏	199.73
青海	159.81
宁夏	157.37
福建	141.09
陕西	122.46
新疆	107.38
河北	100.27
山西	95.53
贵州	81.62
浙江	77.32

图 2　机构实力提升幅度 TOP 10（%）

数据来源：Choice、Wind、国家统计局、统计年鉴

"上市公司和挂牌公司实力"维度下设上市公司数量和市值、新三板挂牌公司数量和市值、区域股权挂牌公司总资产等指标。

十年来，上市公司和挂牌公司群体不断发展壮大，数量稳步增长，质量显著提升，逐步发展成为经济中最活跃、最富创造力和竞争力的市场主体，在落实创新驱动发展战略、促进经济高质量发展中发挥了至关重要的作用。

截至去年末，A股上市公司数量达4685家，总市值破90万亿元，分别较2012年增长约0.9倍和3倍；新三板挂牌公司数量达6932家，总市值约2万亿元，分别较2012年增长34倍和73.9倍；区域股权挂牌企业总资产达2.7万亿元，较2012年增长约2.9倍。

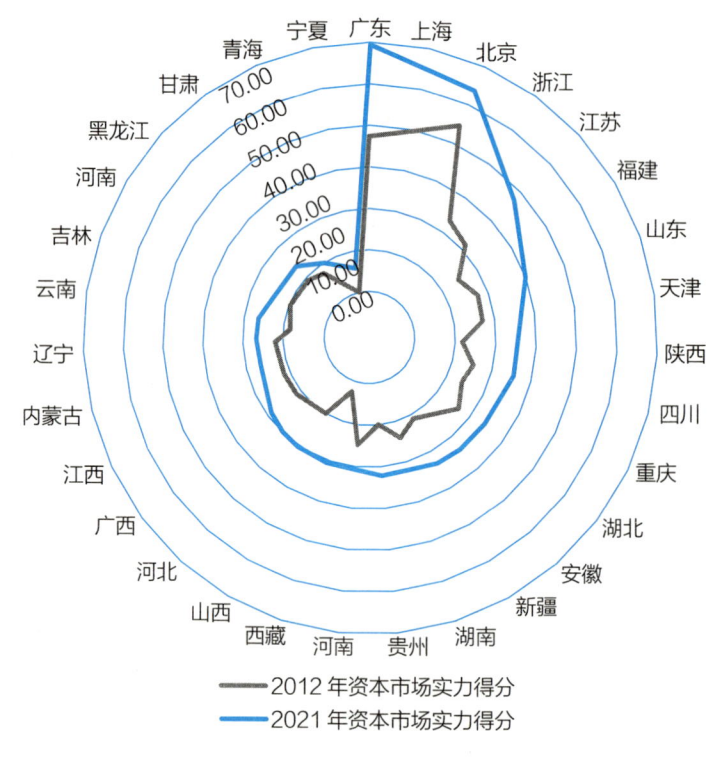

图3 31个区域资本市场实力得分变化

数据来源：Choice、Wind、国家统计局、统计年鉴

31个区域"上市公司和挂牌公司实力"维度的评分较 2012 年均有明显上升,其中贵州排名前进最多。截至去年末,贵州 A 股上市公司总市值超 3 万亿元,十年增长约 8.5 倍,增速位列全国首位,其中贵州茅台市值增长超 10 倍,总市值达 2.58 万亿元;区域股权挂牌公司资产总计达 1.45 万亿元,约为第二名江西的 3.8 倍,独占鳌头。

» **资本维度:天津、山西、安徽提升明显**

"资本集聚能力"维度下设股权融资额、债券融资额、创投投资额等指标。近十年来,交易所股票市场不断发展壮大,市场层次不断丰富,服务实体经济的能力持续增强。截至去年末,近十年 A 股股权融资累计融资额超 12 万亿元,为实体经济发展壮大提供了有力支持。债券市场规模稳步扩大,品种日趋丰富,近十年交易所债券市场累计融资额超 40 万亿元,成为服务实体企业融资的重要场所,在提高直接融资比重、服务区域经济发展等方面发挥了重要作用。创投机构十年来累计投资超 8 万亿元,在培育经济增长新动能、促进战略性新兴产业发展、推进经济高质量发展等方面发挥了重要作用。

图 4 资本市场实力各维度指数变化(2012—2021 年)

数据来源:Choice、Wind、国家统计局、统计年鉴

具体区域来看，天津资本集聚能力排名由2012年的第23位提升至2021年的第13位，前进位次最多。天津2021年A股股权融资额、债券融资额分别位列第17位和第9位，较2012年分别提升8位和3位。截至去年末，天津辖区存续公司债券2327亿元、资产支持证券1596亿元，合计近4000亿元，公司债券和资产支持证券已成为天津辖区企业筹措中长期资金的重要渠道。

"资本利用效率"下设A股上市公司净资产收益率、规模以上工业企业总资产利润率、区域股权挂牌公司总资产利润率等指标。在区域资本利用效率总体略有下降的情况下，山西在该维度的评分较2012年提高0.5分，排名位居第11位，较2012年提升17位，前进位次最多。

"资本市场活跃度"下设股债基交易金额、商品期货成交量和创投投资案例数等指标。2021年31个区域股债基合计交易金额超296万亿元，创近五年新高；商品期货成交量达95.5万亿手，较五年前增长超五成，资本市场活跃度明显增强，市场运行效率逐渐提升。

近十年来，大部分区域资本市场活跃度均有不同程度的提升。其中，安徽在该维度的三个细分指标的排位均有提升，股债基交易金额排名由第15位上升至第13位，商品期货成交量由第6位上升至第4位，创投投资案例数由第17位上升至第10位。

» 领先区域五大核心举措

资本市场的发展离不开政府相应政策的引导和支持。中国资本市场研究院通过对资本市场实力领先区域近年来发布的相关政策进行梳理，总结出五大核心举措：

一是强化实体经济与资本市场功能的对接。围绕促进实体经济发展，加快建设股权市场，积极开拓债券市场，规范发展要素市场，培育引导私募市场，提升证券期货业服务水平，营造良好市场发展环境，更好地发挥资本市场对经济结构调整和转型升级的支持作用，提高资本市场对区域经济发展的贡献率。

二是加强优质上市资源储备。紧抓注册制改革和多层次资本市场体系发展的机遇，着力筛选一批符合国家产业政策、规范经营、成长性好、潜力大的企业，建立分层次、分行业、有梯队的重点上市后备企业库。加快培育科创型优质公司，支持制造业单项冠军、专精特新"小巨人"等企业发展壮大，以龙头企业发行上市，带动行业发展，推进产业结构优化升级，形成优势产业。

三是推动上市公司提质增效。2021年资本市场实力前十区域均发布了推动上市公司高质量发展的相关政策，支持上市公司在稳步推进主业发展的基础上，合理运用再融资、并购重组、引入战略投资者等资本运作手段，强化其在战略性新兴产业、促进产业基础高级化和产业链现代化中的带动作用，推动上市公司做大做强，提高资本利用效率，实现有质量的增长。

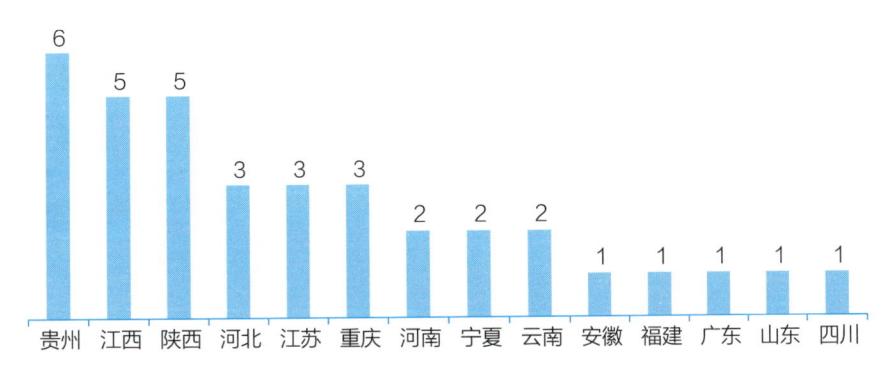

图5 上市公司和挂牌公司实力排名提升位次数

数据来源：Choice、Wind、国家统计局、统计年鉴

四是补齐资本市场中介机构短板。该举措主要包括支持本土券商创新提质，增强资本实力，加快建设高质量投资银行，支持符合条件的期货公司上市，支持引进培育审计、法律、评级、征信、交易、结算等市

场主体和基础设施等政策，充分发挥金融中介机构在金融资源、人才资源、专业能力等方面优势，为上市公司及拟上市挂牌企业提供全链条综合服务。

五是着力防范化解资本市场风险。例如，依托城市管理平台和公共信用信息服务平台，全面监测辖区内风险信息，加强对上市公司、证券期货经营机构的日常监管，及时发现、及时报告风险情况，并加强与相关地区和部门的协调，妥善化解风险，维护市场稳定。

（中国资本市场研究院研究员匡继雄，原载《证券时报》2022年8月17日A004版）

横琴样本：改革开放加速推进海岛蝶变

从蕉林绿野、农庄寥落，到大道纵横、高楼林立，短短十多年的时间，横琴从一个边陲海岛变成了开发的热土、开放的前沿，发生了翻天覆地的变化，成为这十年来中国经济社会高质量发展、改革开放加速推进区域变化的特色样本之一。

» 从边陲海岛到开发热土

海岛的蝶变，始于2009年1月，时任中共中央政治局常委、国家副主席的习近平来到横琴。在会见澳门社会各界代表人士时，他宣布了一个好消息：中央政府已决定同意开发横琴岛。8月，国务院正式批复《横琴总体发展规划》，12月16日，横琴新区正式成立。

2012年12月，习近平担任中共中央总书记后首次离京考察，来到广东，第二次来到横琴。他勉励横琴："要发扬敢为人先的精神，先行先试，进一步扩大开放，勇于探索，勇于去闯，在体制机制创新方面，为粤港澳合作作出贡献。"

2014年12月，澳门回归祖国15周年之际，习近平总书记再次踏上横琴。在澳门大学横琴新校区，他和学生们围坐在课桌旁，听取他们发言，对澳门青年开拓"一国两制"伟大事业寄予厚望。

2018年10月，习近平总书记在广东考察时第四次来到横琴。他强调："横琴有粤澳合作的先天优势，要加强政策扶持，丰富合作内涵，拓展合作空间，发展新兴产业，促进澳门经济发展更具活力。"

随后，2019年2月发布的《粤港澳大湾区发展规划纲要》中，提出加快推进深圳前海、广州南沙、珠海横琴等重大平台开发建设，赋予横琴融合大湾区发展的战略地位。

直至2021年9月，中共中央、国务院印发了《横琴粤澳深度合作区建设总体方案》，"横琴粤澳深度合作区管理委员会""横琴粤澳深度合作区执行委员会"挂牌亮相，备受瞩目的横琴粤澳深度合作区（以下简称"合作区"）进入全面实施、加快推进的新阶段。

这十多年来，横琴紧紧围绕促进澳门经济适度多元发展这条主线，建设起笔着墨，书写恢宏篇章。今年一季度，合作区生产总值完成101.6亿元，同比增长5%，实际使用外资1.93亿美元，同比增长195.1%。外贸进出口额完成83.01亿元，其中出口额47.83亿元，进口额35.18亿元。区内注册的澳门企业从2019年末的近2000家，增长至如今的超4870家，成为全国澳资企业最密集的区域。

» 多项创新举措齐发力

作为我国改革开放前沿中的前沿、窗口中的窗口，合作区承担着改革开放试验田的历史重任，肩负着探索深化粤澳合作、推动协同发展的时代使命，尤其在进一步探索制度型开放方面，承载着为国家全面深化对外开放探路之任。

《横琴粤澳深度合作区建设总体方案》提出了合作区发展的多项政策突破。比如，"分线管理"、企业及个人所得税"双15%"、澳门居民个税优惠政策、30%加工增值进入内地免征关税、研究建设固网接入国际互联网的绿色通道、制定合作区市场准入清单等举措，都是极具突破性的创新政策。

其中，多项创新政策已经落地。

今年以来，横琴个人所得税优惠政策出台，对在合作区工作的境内外高端和紧缺人才，其个人所得税负超过15%的部分予以免征；对在合作区工作的澳门居民，其个人所得税负超过澳门税负的部分予以免征。不久前，横琴企业所得税优惠政策清单出炉，对设在合作区符合条件的产业企业，减按15%的税率征收企业所得税。

这两项被外界称为"双15%"税收政策的出台，是合作区创新从理论到实践的落地，也是合作区发展的"基石"性政策之一。"合作区企业所得税、个人所得税优惠政策的出台，标志着国家和省支持合作区发展的首批税收政策正式实施，影响重大、意义深远。"合作区执委会主任李伟农表示。

合作区执委会副主任聂新平认为，"双15%"税收政策的出台，有三个方面的意义：一是"趋同澳门"，通过实施"澳门居民个税优惠政策"，有利于加强两地企业、居民的经济往来，推动琴澳一体化发展；二是"涵养产业"，通过精准匹配"四大重点产业"，并强化实质性运营，吸引企业上岛办公，夯实促进澳门经济适度多元发展的产业基础；三是"集聚人才"，通过扩容新增"优惠享受群体"，有利于合作区企业延揽境内外高素质人才，增强企业人才竞争力和吸纳就业的能力。

澳门的小苏今年初来到合作区工作，每月工资2万澳门币，每年13薪，合计年收入约22万元人民币，按内地个税法有关规定，他一年需缴纳个税1.4万元人民币。但在"双15%"税收优惠政策落地后，对在合作区工作的澳门居民，其个人所得税负超过澳门税负的部分予以免征后，他每年仅需纳税约2300元人民币，这令他十分高兴，感受到了真金白银的实惠。可以预见，随着琴澳一体化进程加快，将为两地居民创造越来越多工作机会，能够享受该政策的澳门居民也将越来越多。

接下来，作为合作区最具"含金量"的政策——"分线管理"，也已指日可待。记者了解到，截至2022年5月，"一线"横琴口岸二期主体结构已完成70%，客货车通道建设及通关模式创新工作正在稳步推进，

"二线"通道海关监管作业场所主体工程建设已基本完工,正在加快进行收尾工作。

《横琴粤澳深度合作区建设总体方案》明确提出,构建与澳门一体化高水平开放的新体系,推动货物"一线"放开、"二线"管住、人员进出高度便利。届时,货物经内地进入到横琴视为出口,可以享受增值税、消费税退税。在高科技投资方面,相关设备从境外进入合作区也无须缴税,减少企业投资成本。

中国国际经济交流中心区域和产业经济研究部部长王福强表示,政策实施后,合作区内生产的很多货物可以享受零关税。这对合作区发展高端制造产业、中医药等澳门品牌工业、医疗器材耗材生产制造等产业具有极大的促进作用。

"这只是刚刚开始。合作区成立以来开局良好,管理机构实现了平稳运作,政策框架体系在稳健构建中,合作区条例、总规等一系列制度也在制定中。"李伟农表示,接下来将积极推动各项政策加快落地,推动横琴加快发展和蝶变。

"在横琴创业的企业,应该都有一个共同的感觉,就是横琴的政府机构具有'企业制基因'。"2021年落户横琴的芯潮流(珠海)科技有限公司相关负责人表示,横琴政府机构愿意并支持当地企业探索新型业务模式,在这方面,芯潮流引领了横琴的两项政策之先,一是成为横琴获批的第一只投向合作区高科技半导体项目(芯潮流)的澳资QFLP(合格境外有限合伙人)基金,二是公司与珠海外汇管理局、横琴建行合作推出首个新型国际离岸贸易全流程规范。

据悉,芯潮流首款产品为自主设计研发的高速网络芯片,但高端芯片的全球化制造交易流程较为复杂,具有新型国际贸易的典型特征,不能简单套用传统货物贸易和服务贸易的政策规定。在主动了解企业特殊情况后,国家外汇管理局珠海市中心支局、国家税务总局、海关等部门指导建设银行横琴分行协助企业,理顺"芯片制作交易模式下"跨境收付汇全流程需要关注的事项，在跨境收付汇、货物报关和税务申报或备案等方面给予企业"一条龙"帮助和指导。

该笔业务的落地不仅解决了企业在新型离岸国际贸易下跨境资金结算的具体问题，同时也对芯片制造企业的新型交易模式进行了全面的梳理，为广大芯片设计制造企业跨境资金结算及申报提供了经验借鉴，也为横琴粤澳深度合作区大力发展集成电路产业，加快构建特色芯片设计、测试和检测的微电子产业链提供了金融赋能。

数据显示，截至今年4月，横琴共推出了622项改革创新措施，形成一大批可复制推广的"横琴经验"，其中，4项创新案例入选了"全国自贸试验区最佳实践案例"。

》倾心聚力打造"芯名片"

"横琴寸土寸金，必须坚持有所为、有所不为。"广东省发展改革委（省大湾区办）主任郑人豪表示。合作区明确了科技研发和高端制造产业、中医药等澳门品牌工业、文旅会展商贸产业、现代金融产业四大产业为主攻方向。在这里，许多澳门中医药产品享受一条龙服务，研发、检验、认证、注册、审批、海外销售一气呵成；文旅会展商贸产业上开创了"两地一展"的新形式……至于科技研发和高端制造产业，则以集成电路领域最为突出。

合作区发展集成电路产业，有其优势。澳门拥有国内最高水平的国家实验室——澳门大学模拟与混合信号超大规模集成电路国家重点实验室；横琴有着先行先试、税收优惠等政策，是其科研成果转化最便利、最适宜的新空间；此外，横琴地处的大湾区，有着坚实的半导体资源，是中国最大的半导体市场，也有着最多元化的产业链资源。

目前，横琴正在抓紧制定集成电路产业发展政策。在此之前，总规模100亿元的广东粤澳半导体产业投资基金和50亿元的广东武岳峰集成电路股权投资基金已落户横琴。在粤澳集成电路设计产业园里，也已汇聚集创北方、芯动科技、壁仞科技、华芯智能等一批高质量集成电路设计优质企业。

从珠海一微半导体股份有限公司的办公室向窗外望去，澳门大学近在咫尺。成立于2014年的一微半导体，已发展成为移动机器人专用芯片领域的领航者，专利申请量在清洁机器人技术与芯片领域位居全球前列，公司还牵头承担了广东省重大科技专项及国家重点研发计划"智能机器人"专项，该国家研发专项是"十三五"唯一芯片项目。

一微半导体联合创始人、高级副总裁姜新桥向记者介绍，作为横琴本土企业，感受到了省、市及合作区各级政府部门对集成电路企业发展的支持，其中包括研发费用补贴、流片费用补贴、办公场地租金补贴以及人才补贴等方面的支持。值得一提的是，在合作区的大力支持下，一微半导体博士后科研工作站（企业分站）顺利获批设立，这为公司招募到高层次的科研人才，不断提高科技创新能力创造了条件。通过与澳门大学模拟与混合信号超大规模集成电路国家重点实验室的对接与融合，实现了将澳大的前沿理论成果在一微实现商业转化的重大突破。

珠海镓未来科技有限公司成立于2020年10月，是一家致力于高端氮化镓功率器件的研发、设计和生产的高科技企业，已获得境成资本、大横琴集团、小米顺为、高瓴创投等机构投资。被问及为何会落地横琴时，公司CEO兼CTO吴毅锋博士表示，合作区《总体方案》强调要重点发展科技研发和高端制造产业，提出"大力发展集成电路产业"，珠海与澳门在集成电路产业方面有良好的发展基础，已经汇聚了一批集成电路设计和应用等半导体企业。"这些与我们公司高度契合，利于互补互动，可促进产业集聚和共同发展。"吴毅锋表示。

吴毅锋表示，合作区的建立形成了独特的政策优势。商务上国际接轨、产品免税政策和个人所得税的优惠、出入境的便利，非常适合镓未来这种国际型科技公司业务起步、运营和拓展，而且有利于吸引更多国际化的创新人才。在多重政策优势的叠加下，横琴未来有望成为全球创新资源与要素的聚集地。

芯潮流公司成立前也曾考察多个区域，最后决定落户横琴，是看中了其天时地利人和的优势，而且芯潮流的研究和产品方向是高速数模信号处理，利用地域优势，可以和澳大微电子学院以及澳门大学模拟与混合信号超大规模集成电路国家重点实验室深度协同。

据介绍，有别于其他地区咨询建议靠电话，回复沟通靠文书的方法，横琴的很多政府机构都和企业形成了紧密直接的工作关系，企业第一时间能够直接和负责的科长甚至局长对话解决急事难事。此外，政府在出台产业政策前，积极听取、收集并研究回复企业的发展诉求，比如即将出台的横琴集成电路产业政策，就听取了大量的企业反馈来帮助企业发展。

» 现代金融业乘风起势

自横琴开发建设以来，横琴金融从无到有，快速集聚，逐步形成涵盖银行、证券、保险、私募、融资租赁、商业保理等多种细分领域的金融业态，取得了一系列突破性进展。

金融已经成为横琴的支柱产业之一。数据显示，2022年第一季度，横琴金融业增加值达41亿元，同比增长6.4%，占横琴地区生产总值的40.6%。金融业税收在第一季度达40亿元，同比增长71.6%，占横琴税收比重的40.9%。

《横琴粤澳深度合作区建设总体方案》的正式公布，赋予了横琴更多的金融创新制度安排，这不但为已落户横琴和有意向到横琴展业的金融企业增添了信心，也为横琴未来发展现代金融业提供了有力支持。

其中，《横琴粤澳深度合作区支持企业赴澳门发行公司债券专项扶持办法（暂行）》已落地实施，赴澳发债的横琴企业最高可享550万元扶持资金，以支持澳门债券市场的发展。"我们已收到多家企业的咨询，但由于境内企业赴澳门发行债券要经历包括中介服务、备案登记、信用评级、外管审批等流程，同时也要综合考虑境内外市场成本等因素，目前多数企业仍处于筹备阶段。"横琴金融发展局相关负责人告诉记者。

此外，《广东省开展合格境内有限合伙人境外投资试点工作暂行办法》（QDLP）明确，横琴企业的试点资格认定和额度核定权限下放。随后，《横琴粤澳深度合作区外商投资股权投资类企业试点办法（暂行）》（QFLP）发布，鼓励社会资本按照市场化原则，在横琴设立多币种创业投资基金、私募股权投资基金。目前，横琴共有27家QFLP试点企业，其中澳资企业10家。

同时，粤澳跨境数据验证平台落地实践，两地居民可通过该平台合作机构在个人授权的基础上实现个人数据的跨境验证。

在融资租赁方面，横琴促成了粤港澳大湾区内企业完成对澳门融资租赁企业的收购，结合琴澳两地资源推动澳门融资租赁业务发展；绿色金融方面，横琴企业成功发行全国首单承接海外点心债的绿色债券，并成功将绿色保理资产转让至澳门企业。

据横琴金融发展局相关负责人介绍，该局现在正研究制定促进金融产业发展扶持办法，计划从整体上对企业进行扶持，支持金融创新发展。同时，研究促进绿色金融发展政策措施，抢抓新业态的新发展机遇；研究支持中小微企业发展政策措施，加大对横琴中小微企业的扶持；研究支持企业上市挂牌专项扶持办法，引导符合条件的横琴企业通过上市挂牌做大做强。

各种金融业态在横琴快速聚集，目前横琴公募私募基金较具规模。记者从横琴金融发展局获得的数据显示，截至2022年5月末，横琴金融类企业共710家。在中国证券投资基金业协会存续登记的私募基金管理人578家，管理基金规模5760亿元，私募基金产品1777只，存续基金规模4460亿元。横琴经证监会批复的基金管理公司资产管理规模为

46389亿元。横琴中外资金融机构本外币各项存款余额合计为1555亿元，同比增长6.9%；各项贷款余额合计为1612亿元，同比增长38.0%。

静水流深，曾经的边陲海岛已沧桑巨变，基础设施日益完善，经济发展欣欣向荣，产业布局初见成效，粤澳融合从产业到社会民生，十余载初心如一，以"澳"为重，倾"琴"所能，谱写出粤澳深度合作的新华章！

（证券时报记者唐维，原载《证券时报》2022年7月26日A001版、A004版）

推进一体化发展 "长三角号"巨舰破浪前行

7月的上海,骄阳似火,科创板开市迎来三周年,在已上市的400多家企业中,长三角企业占据半壁江山。这是长三角一体化发展上升为国家战略后的重要成果之一。

2018年11月5日,习近平总书记在首届中国国际进口博览会开幕式上宣布,支持长江三角洲区域一体化发展并上升为国家战略。至此,长三角三省一市(沪浙苏皖)发展迈入新征程,相互赋能、优势共享,努力实现"1+1+1+1＞4"。

2021年,长三角地区GDP总量达27.61万亿元,较2012年的12.56万亿元增长了1.2倍,以4%的国土面积,创造了全国约1/4的经济总量,成为中国区域经济发展蓝图中的先行者。

上市公司的发展是观察一个区域经济发展活力、速度和质量的重要窗口。截至7月末,长三角区域的A股上市公司已达1782家,占全国的比重为36.78%,总市值24.04万亿元,占全国的比重为27.27%。最近十年,长三角A股上市公司新增1110家。

2022年二季度,面对因疫情突袭导致的物流不畅、供应链中断的局面,长三角三省一市推出重点企业重点物资通关绿色通道、产业链供应链"白名单"企业互认等措施,力保产业链供应链安全畅通。

一系列"统筹、互认"措施,让长三角一体化发展的一盘棋越下越活。随着疫情扰动趋于缓和,地方经济逐步恢复元气,"长三角号"巨舰破浪前行,未来可期。

» 优势对接　共同逐鹿资本市场

2014年9月,《国务院关于依托黄金水道推动长江经济带发展的指导意见》中提到,长三角要建设以上海为中心,南京、杭州、合肥为副中心的城市群,这是官方文件首次将安徽纳入长三角。

2016年国家发改委发布的《长江三角洲城市群发展规划》进一步将长三角地区扩容到"三省一市"。至此,三省一市被冠上长三角的称号。

长三角新入群者安徽,近年来携手沪苏浙推动国家规划实施、重点协同事项落实,取得阶段性成效。以资本市场为例,党的十八大以来,安徽抢抓资本市场注册制改革机遇,加强上市后备企业培育,大力推进企业对接多层次资本市场。截至7月底,安徽十年来新增上市公司78家,上市公司总数达到152家。

最典型的区域当属省会合肥。过去十年,合肥市发挥"用投资引产业"的模式,引进并发展壮大了显示屏幕、人工智能、集成电路和新能源产业链,GDP从4100亿元飙升至超万亿元。截至7月底,十年来合肥上市公司由30家上升到70家,总市值由1435.23亿元增长到8983.86亿元,增幅达到525.95%。

"安徽加强与长三角资本市场服务基地对接,积极推动安徽地市挂牌设立长三角资本市场服务基地分中心,充分发挥长三角资本市场服务基地金融服务资源集聚优势和上市服务综合功能优势,助力安徽企业对接上交所上市融资。"安徽金融监管局资本市场处相关负责人在接受证券时报记者采访时表示,截至目前,上交所在合肥、六安、黄山、安庆、铜陵、蚌埠等市挂牌成立了分中心,形成了良好的资本市场服务企业生态体系。

2018年11月14日,在长三角一体化发展上升为国家战略消息宣布9天后,上海浦东新区政府和上海证券交易所联合打造的长三角资本市场服务基地即正式揭牌,三年多时间,基地的"朋友圈"扩大至19个分中心、35座联盟城市,致力于满足长三角企业多层次融资需求,优化区域内的资源配置。

截至 2022 年 7 月底,科创板上市企业中,长三角企业已达 205 家(含红筹企业),占全国比重的 46%;总市值 2.98 万亿元,占科创板总市值的 51%。

"长三角科创企业已成为科创板的生力军,占据了科创板的半壁江山,共同奏响长三角力量最强音。"上海市浦东新区金融工作局局长张红说。乘着科创板的东风,截至 7 月底,上海浦东已有 38 家科创板企业。长三角企业占据科创板半壁江山,这是三省一市优势对接、相互赋能的成果。张红表示,上海浦东未来将携手苏浙皖各扬所长、协同发力,推动金融更好地服务实体经济发展。

» 撬动资本　赋能实体经济发展

资本市场为地方实体经济的快速发展注入强劲动力,处于改革前沿的长三角区域,有着最切身的获得感。

早在 2017 年,浙江省即启动"凤凰行动",大力推动企业上市和并购重组。十年来,浙江培育了数以百计的龙头企业和数以千计的骨干企业。截至今年 7 月底,浙江省 A 股上市公司数量为 625 家,全国排名第二,较十年前增长 1.78 倍;上市公司总市值已达 7.71 万亿元。

嵊州是浙江绍兴市的一个县级市。该市金融办副主任舒彩容 2012 年调至金融办,负责企业上市工作。当时嵊州无一家 A 股上市公司,走访企业时提及上市,企业连连摆手。

"不敢上市、不想上市、不愿上市,企业当时就是这种态度,俗称'三不'。"舒彩容在接受记者采访时透露,"为推动企业上市,我们带着中介机构,对嵊州规模以上企业全部走一遍,'地毯式'排摸,再根据情况请专家进来培训和带企业出去学习,激发企业上市积极性。"而今,嵊州 A 股上市公司已达 7 家,今后 5 年的目标是要达到 15 家。

在浙江启动"凤凰行动"两年后，2019 年 7 月，上海印发《关于着力发挥资本市场作用促进本市科创企业高质量发展的实施意见》，也称为"浦江之光"行动，旨在加大科创企业孵化培育力度，推动科创企业挂牌上市，力争用五年时间将上海建设成服务全国科创企业的重要投融资中心。截至 7 月底，上海自"浦江之光"行动启动以来累计新增上市公司 116 家。

资本市场撬动、集聚和整合的是物资、人才、技术和信息等资源要素，从而支持实体经济发展。

"创新主动权、发展主动权必须牢牢掌握在自己手中。三省一市要集合科技力量，聚焦集成电路、生物医药、人工智能等重点领域和关键环节，尽早取得突破。"2020 年 8 月，习近平总书记在扎实推进长三角一体化发展座谈会上提出要求。

长三角区域的科创板上市企业，集中于新一代信息技术、生物医药、高端装备等行业，尤其是在集成电路领域和生物医药领域，形成了全产业链的布局。截至 7 月底，长三角 205 家科创板上市公司中，生物医药企业为 37 家，集成电路企业为 32 家。

一家优秀的头部上市公司，带动的是一个产业链的集聚。在江苏 605 家上市公司中，生物医药企业数量近 60 家，数量占比近十分之一，两家头部企业药明康德以及恒瑞医药总市值近 5000 亿元。在苏州，生物医药产业是当地的"一号产业"，去年已集聚企业超 4300 家，规上企业产值超 2000 亿元。

» 秉承开放胸怀　打造开放前沿阵地

放眼中国经济版图，长三角不仅经济体量大、活跃程度高，还是对外开放前沿阵地之一。

紧扣"一体化"和"高质量"两个关键词，多年来，长三角三省一市加快打造对外开放的前沿阵地。

2014年11月17日，沪港通正式启动，沪港两地证券市场成功实现联通，中国资本市场国际化进程进入新纪元。近年来，沪港通成交额逐年增长，累计成交额高达52万亿元人民币，在境内外投资者的跨市场投资中发挥了重要作用。今年7月4日，ETF纳入内地与香港股票市场交易互联互通机制正式开通，上海证券交易所总经理蔡建春说，这是互联互通开通以来，两地资本市场深化合作，进一步落实高水平对外开放的又一项重大举措。

十年来，沪港通、黄金国际板、债券通、原油期货、沪伦通相继在上海启动，开辟了境外投资者参与我国金融市场的新渠道。

国际金融资产交易平台、全国性大宗商品仓单注册登记中心、国际油气交易平台……一系列跨境金融"融通世界"的行动计划已经在定位为特殊经济功能区的上海自贸区临港新片区启动，跨境债权交易、跨境股权投资、金融跨境数据流通等金融业对外开放措施有望试水。

上海市金融工作党委书记严旭说，下一步上海将在金融要素、市场、机构准入型开放基础上，加快推进高水平制度型开放，大力提升全球资源配置功能，推动一批具有首创性、引领性的金融改革措施。

大力推进衍生品交易研发，完善升级"舟山价格"，推进保税商品登记系统建设……不产一滴油的舟山，依托中国（浙江）自由贸易试验区的开放创新，正成为世界油气产业链中的重要一环。

安徽推动资本市场对外开放也不遑多让。2022年1月，安徽省印发《安徽省自贸试验区合格境外有限合伙人（QFLP）境内股权投资试点暂行办法》。相比其他省市，安徽QFLP政策降低了市场准入门槛，不对外商投资股权投资类企业设置最低注册资金要求，同时适度放宽投资范围限制，允许外商投资股权投资企业参与投资境内上市公司非公开发行和交易的普通股。

QFLP以及QDLP（合格境内有限合伙人）试点分别由上海率先于2011年和2013年启动试点。近两年，随着QFLP以及QDLP试点的复制推广，浙苏皖也已迎头赶上。

其中，宁波成为浙江省唯一一个具有 QFLP&QDLP 试点资格的城市，去年 12 月 31 日，宁波民银新动能私募基金合伙企业（有限合伙）登记设立，这是宁波正式出台《宁波市外商投资股权投资企业试点工作实施办法（试行）》后，经联合会商设立的第一家 QFLP 试点企业；今年 6 月，苏州元禾钟山私募基金管理有限公司获江苏省首批 QDLP 对外投资试点资格，获批额度 2 亿美元，这是江苏省首家以股权投资为主的 QDLP 试点管理企业。

秉承开放胸怀，站在改革开放前沿的长三角区域，正在为全国构建新发展格局探索路径。

» IPO 倍增　三省一市你追我赶

"沪苏浙的资本市场在全国处于领跑水平，是安徽学习的标杆，安徽上市公司数量、规模、结构上与沪苏浙等地区还有较大差距。"安徽金融监管局资本市场处相关负责人在接受记者采访时丝毫不回避差距。

差距，既是压力，更是动力。近年来，安徽快马加鞭，力争不断缩小与沪苏浙在资本市场建设方面的差距。日前，安徽正式推出《"迎客松行动"计划》，部署该省 2022—2026 年企业上市工作，做大做强多层次资本市场"安徽板块体系"，力争到 2026 年末，安徽省上市公司数量较 2021 年末翻一番，达到 300 家以上。

"'迎客松'寓意安徽开放包容、双招双引、奋勇争先的发展态势。"安徽金融监管局资本市场处相关负责人说。

通过"雏鹰"企业成长、"雄鹰"企业壮大，实现更多企业成为"金凤凰"，这是浙江凤凰行动 2.0 版的精髓。根据浙江 2021 年 3 月印发的《浙江省深入实施促进经济高质量发展"凤凰行动"计划（2021—2025 年）》，浙江力争 5 年新增境内外上市公司 350 家以上，到 2025 年末，力争全省境内外上市公司达到 1000 家。

江苏去年 9 月印发的《江苏省上市公司高质量发展行动计划（2021—2025 年）》也明确提出，到 2025 年底，把全省多层次资本市场体系建设得更加完善，形成以先进制造业集群和战略性新兴产业为特征的资本市场"江苏板块"，力争先进制造业和战略性新兴产业上市公司达 200 家、市值百亿元以上的上市公司达 150 家左右、市值千亿元以上的上市公司达 15 家左右。

江苏省金融局局长查斌仪表示，下一步江苏将重点支持一批"独角兽""瞪羚""专精特新""小巨人"和制造业隐形冠军、新型服务业领军企业加快发展壮大，做大做强主业，加快走向资本市场。

上海也在《上海国际金融中心建设"十四五"规划》提及，深入推进"浦江之光"行动，围绕企业成长全生命周期，不断培育优质上市资源。充分发挥科创板资本市场改革"试验田"作用，把握科创板战略定位，支持集成电路、生物医药、人工智能等产业借助资本市场加快发展。

» 形成合力　分工合作各扬所长

"十四五"全面开启现代化新征程，长三角一体化也迈入高质量发展阶段，三省一市正分工合作，共享未来。

在资本市场建设方面，记者获悉，三省一市正探索在长三角区域性股权市场互联互通、市场共建、协同服务、监管协作等方面的合作。同时，共同设立长三角一体化发展投资基金，支持省级政府性股权投资基金加大对中小微科技型企业投入。

安徽金融监管局资本市场处相关负责人告诉记者，安徽正在探索建立长三角区域性股权市场信息交互机制和与科创板的对接机制，促进更多的企业通过区域性股权市场发展壮大。

2018 年 11 月，安徽省投资集团与上海国际集团等苏浙沪皖三省一市主要国有企业、金融机构和社会资本联合成立"长三角协同优势产业基金",基金总规模 72 亿元,已全部实缴出资到位。据悉,长三角协同优势产业基金主要围绕长三角地区进行产业端的布局,主要投向新一代信息技术、人工智能、高端装备制造和生命健康等产业。截至 2022 年 5 月底,长三角协同优势产业基金累计完成投资子基金及直投项目 73 个,累计交割金额超 55 亿元。

上海、浙江和江苏在其金融业"十四五"规划中也均涉及长三角一体化发展金融支持方面的内容。其中上海提出提升长三角资本市场服务基地功能,服务区域企业在资本市场融资等;浙江提出协同完善长三角金融一体化合作机制等;江苏提出主动促进上海金融资源优势与江苏实体经济嫁接融合,支持近沪地区对接上海金融机构布局配套功能拓展区等。

"长三角金融业发展的基础较高,除上海外其他核心城市发展情况较均衡,长三角的金融一体化属于'起点较高、起步即加速'的态势。"华略智库合伙人、金融研究院院长赵永超在接受记者采访时表示,"长三角金融一体化不是简单的金融业复制,而是不同区域形成不同的金融功能分工。长三角区域产业功能形态齐全,存在形成各类金融功能中心的可能性。比如,江苏制造业非常强,浙江数字产业和互联网发达,安徽的科技创新很有特点,未来一定会形成金融功能分区。"

赵永超建议,上海可以对标纽约和伦敦,定位门户枢纽,可以带来高度的金融活力;南京产业配套齐全,且可以辐射内陆更广阔区域,可以发展产业链金融中心;杭州由于电商等基础较好,可以定位数字金融中心城市。

乘风破浪开新局。未来的长三角,三省一市将各扬所长、形成合力,把更高质量一体化发展这幅"工笔画"越描越精细、越绘越精彩。

(证券时报记者张淑贤,原载《证券时报》2022 年 8 月 1 日 A001、A004 版)

昔日滩涂变新城：前海筑成深港合作"桥头堡"

盛夏八月，骄阳似火，前海石旁人头攒动，驻足、合影者络绎不绝。

这块伫立在前海公园海边、造型宛如扬帆起航、上面刻着"前海"二字的黄蜡石，见证了前海的开发开放。以前海石为中心，西眺是沿江高速，如一条飞虹横跨前海湾，延展至扩区后延绵的海岸线；东望是高楼林立、错落有致的写字楼群落。前海已从昔日的一片滩涂崛起为一座新城。

将时间回拨至2008年，国际金融危机爆发后，全球经济格局发生重大变化，我国亟须进一步扩大对外开放，香港也亟须拓展内地市场。在深圳经济特区三十而立之时，中央做出一个重大决策，批复成立"前海深港现代服务业合作区"，并允许实行比经济特区更加特殊的先行先试政策，以此拉开我国新一轮改革开放和深港合作的序幕。

开发开放十余载，习近平总书记三次亲临前海，为前海的发展把脉定向，赋予前海"依托香港、服务内地、面向世界"的使命，寄予"一张白纸，从零开始，画出最美最好的图画"的美好期望和祝福。十年来，前海打造了一批深港合作平台，实施了一系列先行先试举措，推出了六百多项制度创新成果，在金融对外开放、对外贸易、深港融合、科技创新等方面屡屡"破冰"，推动境内外人流、物流、资金流、信息流的互联互通。

《全面深化前海深港现代服务业合作区改革开放方案》正式发布后，前海获得了物理空间和产业空间上的"双扩容"。站在粤港澳大湾区的脊梁上，前海将在更高站位、更大格局、更宽视野上助力我国对接国际贸易投资新规则，构建开放型经济新体制，参与全球合作和竞争。"前海正从'创业十年'昂首阔步迈向'黄金十年'。"前海管理局副局长王锦侠表示。

» 率先落地多个"首批" 金融对外开放跑出加速度

近年来，我国加快了融入全球金融市场的步伐，尤其是面对粤港澳大湾区建设的历史性机遇，外资需要更加畅通便捷的渠道进入内地，加速布局内地市场。在这方面，前海跑出了金融对外开放的加速度。

惠理集团中国业务副总裁、深圳公司负责人盛金接受证券时报记者采访时表示，多年深耕香港本地市场，管理规模位列香港公募基金第一位的惠理集团近年高度重视内地业务，并作为集团中长期发展的核心战略持续加大投入。盛金表示，正是在前海总结引进外资经验，创新了QFLP（外商投资股权投资企业）的制度安排之后，2018年，惠理集团决定在前海申请注册QFLP管理企业，以此打造惠理在内地开展股权投资的旗舰平台。

早在2012年，前海率先启动QFLP试点工作并逐步推广到全市，此后在地方多部门的联合支持下，深圳市QDIE（合格境内投资者境外投资）、WFOE PFM（外商独资私募证券投资机构）试点也率先在前海落地。今年6月，上述试点工作由深圳市前海地方金融监督管理局负责联合会商成员单位开展，这标志着前海的QFLP、QDIE、WFOE PFM试点工作迈入了新阶段。截至目前，前海注册的QFLP管理企业111家，QDIE管理企业51家，全市6家港资WFOE PFM企业均落户前海。前海已经成为大湾区资金联通最重要的枢纽之一。

2021年9月，《全面深化前海深港现代服务业合作区改革开放方案》（以下简称《前海方案》）发布，前海迎来了"空间扩区"与"产业扩区"

的叠加机遇，土地面积扩大8倍，一系列金融创新政策密集落地，前海"跨境金融创新"的烙印越发清晰。"前海给银行留下的最大印象就是跨境金融创新，以及在与香港金融市场互联互通、人民币跨境使用、外汇管理便利化等领域能先行先试。"近期落户前海的全国首家"双牌照"银行大新银行董事总经理兼行政总裁王祖兴认为，前海正推动建立与国际规则衔接的金融制度体系，对跨境金融机构有很大吸引力。

目前，CEPA（内地与香港关于建立更紧密经贸关系的安排）框架下金融业对港开放措施已在前海全面落地，形成了跨境双向人民币贷款、跨境双向发债、跨境双向本外币资金池、跨境双向股权投资、跨境资产转让、跨境金融基础设施的"六个跨境"金融创新，进一步提升香港离岸人民币中心地位。《前海方案》实施一年来，"大前海"在与国际金融市场互联互通、人民币跨境使用等方面先行先试，率先落地多个"首批"，成为我国金融业对外开放先行先试、改革创新的"领跑者"。

一方面，跨境金融创新政策先行先试。全国首批本外币合一银行账户试点率先在前海落地，前海8家银行网点参与全国首批本外币合一银行账户试点。全国首批跨国公司本外币一体化资金池业务试点率先落地，中集、创维等前海优质跨国公司成为首批试点对象。另一方面，人民币跨境使用先行探索。比如，中国银行前海蛇口分行率先试点两项数字人民币个人跨境支付场景。深圳前海联合交易中心建设离岸农产品现货交易市场，成功上线大豆现货品种，实现大宗商品跨境交易以人民币计价结算；前海企业初步建成进出口双向跨境贸易电子单据业务交互系统，国际结算时间可由原来的10—15天缩减至1天。

» 多平台汇聚人才资金　合作"桥头堡"推动全面融通

作为我国金融业对外开放的试验示范窗口，前海在推动我国跨境金融创新发展中发挥了举足轻重的作用，在这过程中，香港则扮演了"关键先生"的角色。数据显示,2022年上半年,前海实际使用外资35.3亿美元,同比增长17.4%,实际使用港资同比增长23.6%。

从启动深港国际金融城建设,到打造全国首个深港供应链金融创新基地,再到前海深港基金小镇加速聚集国际资本、前海深港青年梦工场吸引香港青年创业者,前海如今已"港味"甚浓。

"我们了解到前海正在以高标准打造的深港国际金融城,是面向国际性大型金融机构、外资金融机构、数字金融机构的功能集聚区,推动建立与国际规则衔接的金融制度体系,我们觉得非常有吸引力。"王祖兴表示,大新银行始终保持对前海的关注,尤其是去年9月《前海方案》发布后,各种配套政策相继落地,前海对外资银行的吸引力更大了。

王祖兴提到的前海深港国际金融城,正是前海在贯彻落实《前海方案》中关于扩大金融业对外开放、与香港金融市场互联互通等领域先行先试总体部署的又一力举。在这400万平方米的产业空间里,深港两地金融机构、企业和专业人士可以进行紧密的沟通与交流,还可以进行人才、经验、资金的对接,助力两地金融市场进一步互联互通。

数据显示,截至目前,前海深港国际金融城已有近200家金融机构签约入驻,恒生银行、渣打银行、大新银行、玉山银行、瑞银集团、法国安盛、意大利忠利保险、美国PayPal等重点金融机构相继落子。此外,依托金融城产业载体,前海还打造了全国首个深港供应链金融创新基地,34家深港供应链金融头部机构入驻,总产值突破150亿元。

粤港澳大湾区"跨境理财通"试点,12家银行首单业务在前海率先落地;港人数字人民币缴税在前海办理成功;前海自由贸易账户累计跨境收支中,与香港发生的跨境收支占比超八成……

香港所需,前海所能。前海正在积极践行深港合作的核心使命,一系列的"破冰"之举正通过前海辐射全国,加速香港融入国家金融改革开放新格局。

这一切,都有赖于两地在金融合作方面的强烈共识。据了解,目前,前海与香港财库局等建立了常态化的沟通机制，联合举办金融合作研讨会。此外，在前海出台的金融业发展专项扶持政策里，涉及"深港合作"的条款占据六成，在香港业界反响热烈。

» 产业链供应链上下一盘棋　对外贸易枢纽迈向更高水平

从大南山眺望前海妈湾智慧港，往来货轮络绎不绝，装货卸货一片繁忙。在码头智能操作中心，工作人员远程控制龙门吊，从船上抓取集装箱，精准落在自动驾驶的卡车上，自动驾驶集卡车根据系统规划线路行驶到堆场，由自动化轨道吊完成堆场收箱作业。

这些货物来自世界各地，在这里聚集分拨，再次发往全球或进入国内千家万户，这里是全国首个由传统码头升级改造成的自动化码头，也是全球单一码头 5G 轮胎式龙门吊远控最大规模应用场景，前海正以高水平开放实现对外贸易的高质量发展。

作为前海的另一个优势产业，外贸物流业同样吸引了全球投资者的目光。数据显示，2021年前海集装箱吞吐量1460万标箱，同比增长9.59%。今年1至3月，前海蛇口自贸片区关区进出口货值3968.4亿元（口岸流量数据），同比增长31.6%。今年上半年，前海综合保税区进出口总值达962.5亿元，同比增速达48.1%，显著高于同期全国综保区平均增速。

综合保税区及海空港进出口均呈现出快速增长态势，离不开前海外贸物流业态和模式上的创新。一方面，全国首个机场货运安检前置站业务"粤港澳大湾区机场群前海服务中心"在综保区内落地，深圳宝安国际机场进出口货物在园区实现集货、分流、订舱、打板、安检等航空货运全流程贯通，这一模式为企业节省约30%的物流成本，物流时间更为可控；另一方面，"东西部港区一体化"业务模式实现货物在深圳港区间的自由调拨，打通前海与机场的物流通道，在此模式下，货物只需一次申报、一次查验，无须在入境口岸与保税区重复操作，企业可节省大量的时间成本和物流成本。

跨境电商全业态在前海铺开。2021年5月，深圳市属国企免税集团在前海商贸物流小镇打造了"深圳免税·全球购"，记者在线下体验店看到，多个国际大牌在货架上陈列展示。据工作人员介绍，商品来源于深免集团在各国的直采，所有货源都是国企保真的正品。据悉，企业充分利用前海综合保税区政策和区位优势，采用"跨境电商线上销售+跨境电商线下展示"的一体化经营模式，成为全国首创的"一店多态"改革试点。

值得一提的是，前海综合保税区还是以ICT（信息通信技术）物料供应链中心为核心的粤港澳大湾区电子元器件集散地，阿里云、华为、德州仪器等企业相继入驻。今年上半年，富森、高通等ICT供应链上下游企业克服疫情影响进驻并迅速放量，实现了ICT龙头企业"头雁效应"带动配套企业，形成上下游企业"一盘棋"融通发展的新格局，产业链运转效率得到大幅提升。今年1—6月，前海综合保税区监管跨境电商进出口增长84.4%。

» 创新因子有效集聚　科技创新策源地雏形已现

随着我国科技强国战略深入推进，科技创新步伐不断加快，一直以雄厚的金融产业著称的前海，也开始在科技产业赛道上奋力赶超。十年间，前海科技产业孵化器、加速器、新型研发机构、科技服务企业等核心环节集聚，创新链日益完善。可以说，在全球知名的创新之都深圳，前海不是发展最成熟的科创高地，却是极具想象空间的创新试验区。

2013年，拥有15年香港金融业从业经历的龙沛智辞去了"金饭碗"，在香港创立了金融科技公司Welab汇立集团，次年进入前海作为拓展内地市场的根据地。"作为前海注册企业，我们在人才发展、税收等方面都得到过大力支持，公司近几年取得的一些成绩，与前海这片创新创业热土分不开。"Welab 汇立集团 CEO 龙沛智表示,虽然公司的业务遍及各地市场,但金融科技创新研究中心以及大部分技术人员都在前海,前海是公司服务粤港澳大湾区、海内外业务的创新技术驱动中心。

随着深港合作取得跨越式发展,前海已经成为香港企业在内地发展创业的首选项和新高地。"经过几年的建设和发展,我们感受到前海自贸区的营商环境在不断优化,产业资源要素在快速聚集,加上政府部门工作廉洁高效,各项扶持政策落地到位,吸引了越来越多港人港企前来发展。"盛金表示。

承载着港澳青年和企业创业发展梦想的,是由一栋栋港风建筑构成的前海深港青年梦工场。7年多时间,梦工场累计孵化创业团队601家,其中香港团队331家。就在近期,梦工场北区一期正式投入使用,梦工场系列产业空间由4.7万平方米扩展至13.9万平方米。据介绍,梦工场北区已引进香港亚谛加速器、香港大学—前海智慧交通研究院、大湾区3C智能制造转换基地等5个港资孵化机构和21家企业,其中13家为港企。

先后毕业于哈工大、中科院、香港科大的周飞,于2015年创办了百迈科技,聚焦工业视觉底层技术研究,专攻显示与半导体行业缺陷检测视觉图像技术,旨在解决工业领域"卡脖子"的机器视觉难题,打造人工智能工业母机。2017年,周飞将该项目搬进了前海梦工场中区的孵化器进行孵化,成为首批在前海土生土长的企业。周飞介绍,合伙人团队中有3名成员来自香港,目前公司还在不断吸引香港的高端科技人才加入,公司团队已从当初的十多个人发展到现今的近200人。公司已在3C、半导体、新能源等多个行业的大型工厂落地整厂统一AOI平台重大项目,几百台AOI统一内置公司研发的软件系统。

周飞表示,公司目前取得的成绩一定程度上得益于前海在租金、人才住房等政策上的支持,使公司可以把更多时间、人力和资源集中投入到产品和研发上。周飞表示,未来将借助前海的优势,深耕深港技术创新合作，引入更多香港精英管理人才。同时也在积极和母校香港科技大学以及其他院校展开合作，开展招聘计划，吸引更多香港高端科技人才到前海加入百迈科技。

肩负深港现代服务业合作区改革开放的使命，以加快科技发展体制机制改革创新为目标，前海正在联结港澳的科创力量，迸发出辐射内地的创新火花。今年5月，由粤港澳三地机构共同发起的"科创中国"大湾区联合体正式落户前海，该联合体拟为港澳高校的先进技术成果转化提供便利条件，加强三地创新资源共享，赋能大湾区科创发展。紧随其后，前海管理局与香港大学于6月签署战略合作框架协议，双方将着重在促进深港创新链对接联通、扩大金融业对外开放和提升法律事务对外开放水平等方面不断构建国际合作和竞争新优势。

王锦侠表示，以"科创中国"大湾区联合体落户前海为新的起点，未来前海一定能建成科技发展体制机制改革创新试验田、前沿科学创新策源地、国际科技组织集聚地和国际开放创新合作区，成为国际瞩目的科技创新高质量发展引擎。与香港大学的合作，是前海作为深港合作的国家战略平台，为港澳高校拓展发展空间的务实举措，双方将一同在高等法律研究、金融科技研究、碳中和试点示范区建设、前沿科技产业园等领域展开务实合作，携手共建开放创新合作新格局。

（证券时报记者卓泳，原载《证券时报》2022年8月11日A005版）

奔向繁荣：资本市场这十年

临港新片区三年大变样
"五自由一便利"硕果累累

犹如天上掉下的圆形水滴，随着临港新片区建设的加快，东海之滨的滴水湖成为上海热门景点之一。2003年，随着洋山深水港工程启动，东海边一片滩涂上建起了一座滨海新城。

15年后，这片沃土承载着国家使命再出发。2018年11月5日，在首届中国国际进口博览会上，习近平总书记宣布设立中国（上海）自由贸易试验区临港新片区。这是以习近平同志为核心的党中央总揽全局、科学决策作出的进一步扩大开放重大战略部署。

2019年8月20日，临港新片区正式揭牌。三年来，临港新片区对标国际上公认的竞争力最强的自由贸易园区，在更深层次、更宽领域、以更大力度推进全方位高水平开放，持续加大开放型经济的风险压力测试，总体方案中的78项任务完成90%，形成全国首创性案例36个，初步形成了以"五自由一便利"为核心的制度型开放体系。

"三周年是临港新片区发展的一个里程碑，也是我们激荡奋斗豪情的一个新起点。"临港新片区党工委副书记袁国华表示。当下，独立综合性节点滨海城市的定位，将赋予临港新片区更多改革自主权和先行先试任务，成为全面深化改革和扩大开放的"试验田"。

》对标最高标准 探索高水平制度型开放体系

在临港新片区揭牌至今的 1096 天内,临港新片区签约项目 1196 个,总投资超 6500 亿元,平均一天就要签约一个项目;实际使用外资金额实现每年翻一番,今年上半年同比增长 263.3%。

相比经济数据的攀升,临港新片区探索的"五自由一便利"(贸易自由、投资自由、资金自由、运输自由、人员从业自由、信息的快捷联通)的制度型开放体系,更是使命与职责所在。

根据临港新片区总体方案,临港新片区将选择国家战略需要、国际市场需求大、对开放度要求高但其他地区尚不具备实施条件的重点领域,实施具有较强国际市场竞争力的开放政策和制度,加大开放型经济的风险压力测试。

"上海自贸试验区临港新片区要进行更深层次、更宽领域、更大力度的全方位高水平开放,努力成为集聚海内外人才开展国际创新协同的重要基地、统筹发展在岸业务和离岸业务的重要枢纽、企业走出去发展壮大的重要跳板、更好利用两个市场两种资源的重要通道、参与国际经济治理的重要试验田,有针对性地进行体制机制创新,强化制度建设,提高经济质量。"2019 年金秋,习近平总书记在上海考察时,对临港新片区提出了"五个重要"的指示要求,进一步明确了新片区的战略定位、发展目标、实现路径和具体举措。

时隔一年,2020 年 11 月 12 日,习近平总书记在浦东开发开放 30 周年庆祝大会上的讲话中再次提及临港新片区,"要更好发挥中国(上海)自由贸易试验区临港新片区作用,对标最高标准、最高水平,实行更大程度的压力测试,在若干重点领域率先实现突破。"三年来,临港新片区把习近平总书记的殷殷嘱托转化为改革创新的强大动力,大胆试、大胆闯、自主改,"五自由一便利"已结出累累硕果。临港新片区管委会相关负责人介绍,总体方案 78 项任务完成 90%,国家、上海市、临港新片区管委会出台各类政策 260 余项，形成全国和全市首创性创新案例 87 个，其中全国首创性案例 36 个。

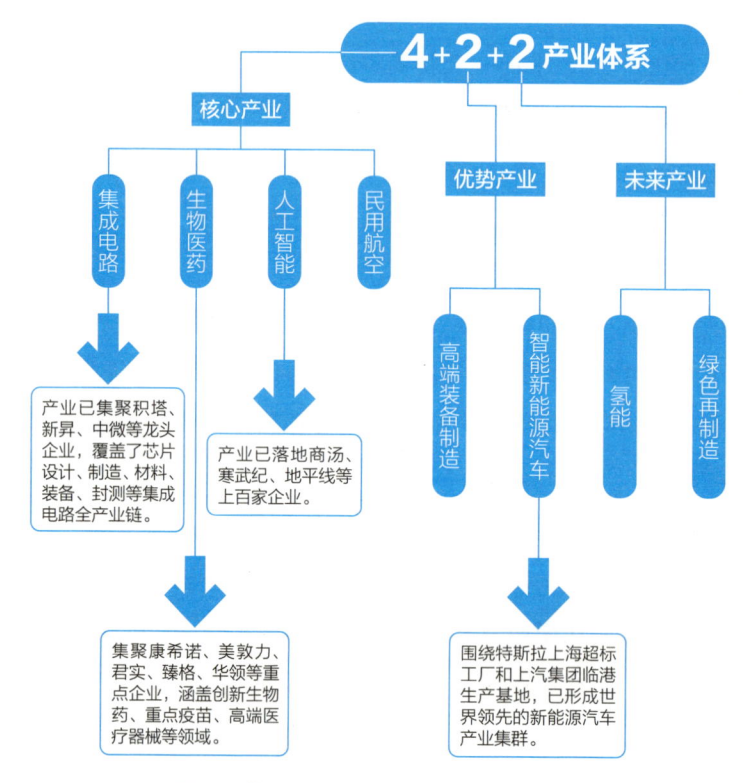

4+2+2 产业体系

- 核心产业
  - 集成电路：产业已集聚积塔、新昇、中微等龙头企业，覆盖了芯片设计、制造、材料、装备、封测等集成电路全产业链。
  - 生物医药：集聚康希诺、美敦力、君实、臻格、华领等重点企业，涵盖创新生物药、重点疫苗、高端医疗器械等领域。
  - 人工智能：产业已落地商汤、寒武纪、地平线等上百家企业。
  - 民用航空
- 优势产业
  - 高端装备制造
  - 智能新能源汽车：围绕特斯拉上海超级工厂和上汽集团临港生产基地，已形成世界领先的新能源汽车产业集群。
- 未来产业
  - 氢能
  - 绿色再制造

图 1 临港新片区着力打造产业体系

全国唯一一个特殊综合保税区——洋山特殊综合保税区无疑是临港新片区对标国际公认的竞争力最强自由贸易园区的重要载体。2020 年 5 月，洋山特殊综合保税区揭牌以来，聚焦国家战略需要、国际市场需求大、对开放度要求高的重点领域，为国家试制度、测风险、探新路。

外资班轮船公司"沿海捎带"即是洋山特殊综合保税区落地的全国首创性案例之一。今年 5 月 31 日，27 个从加拿大温哥华进口至中国的集装箱，在上海洋山深水港码头被装上"美若马士基"轮，运往最终目的地天津港，这标志着我国首单外资班轮船公司"沿海捎带"业务正式落地。

新政策实施后，外贸箱在大连、天津、青岛与上海洋山港之间可以用外资船捎带，无须再通过额外中资支线船中转。一位航运界人士接受证券时报记者采访时表示，外资班轮船公司"沿海捎带"业务此前已推动了至少16、17年，由于各种原因一直未能成行，而今实现突破，是国家更好发挥临港新片区作用，推进国际航运领域开放突破的重要举措。

建立国际航行船舶登记制度，实施"不停航办证"，办理时间平均缩短70%；推动保税液化天然气（LNG）加注业务落地，洋山港成为全国首个、全球第三个可以为国际航行船舶提供保税LNG"船到船"加注的港口；首创以一线径予放行、二线单侧申报、区内不设账册等为代表的海关监管制度，货物整体通关时间压缩至2小时，减少50%企业报关成本。

三年来，洋山特殊综合保税区新增企业1300多家，进出口总额年均增长28%，经营总收入年均增长21%。2021年，洋山港完成集装箱吞吐量2281.3万标箱，助力上海港集装箱吞吐量连续12年蝉联世界第一。

"相比新加坡、迪拜等港口城市，临港新片区既有世界级的优良港口，又有广袤的长三角及长江流域广大腹地的市场。"上海财经大学公共政策和治理研究院院长胡怡建表示，"临港新片区需要在离岸贸易税收政策上有所创新和突破，进一步实现更大程度对外开放、更高质量经济发展。"

» 主打跨境金融　推进金融业务先行先试

三年来，临港新片区大力推进投资贸易自由化、便利化，积极推进金融业先行先试，累计落户400多家金融企业，全国首家外资控股的合资理财公司、首家跨国金融集团独资的金融科技公司等一批项目率先落地。

2020年9月，汇丰金融科技公司落户临港新片区，成为全国首家外资金融机构在中国设立的金融科技子公司。落户一年多来，汇丰金融科技注册资本已达1.2亿美元，并已于2021年3月获工信部颁发《增值电信业务经营许可证》。

汇丰金融科技服务（上海）有限责任公司CEO张哲接受证券时报记者采访时表示，汇丰金科致力于实现新兴技术与财富管理应用场景的创新融合，与临港新片区进行更深层次、更宽领域、更大力度的金融高水平开放的创新基因高度契合。

越来越多的外资金融机构，以临港新片区为支点，服务于中外资企业的跨境金融需求。下个月，大华银行上海自贸区支行将正式开业，成为第一家落户临港的外资行。大华银行中国行长兼首席执行官符懋赞接受记者采访时表示，大华银行中国将结合集团在东盟的业务网络和经验，同时依托新片区金融创新发展的政策优势，打造跨境金融创新解决方案，重点服务中外资企业在中国与东盟间业务往来所产生的跨境金融需求。

根据临港新片区加快发展新兴金融业行动方案，到2025年，临港新片区金融改革开放试点取得重大进展，将推进国际金融资产交易平台建设，持续深化QFLP（合格境外有限合伙人）、QDLP（合格境内有限合伙人）和跨境贸易投资高水平开放等试点，支持银行参照国际惯例开展离岸金融等。

今年3月，有色金属行业龙头企业宁波金田控股在临港新片区设立的新型国际贸易平台——上海金恬实业有限公司首单离岸转手买卖业务顺利完成，该笔业务是金恬实业从香港整批采购秘鲁电解铜，货物不进入境内，而是直接在境外转卖给新加坡客户，交易所涉货物流、资金流和订单流"三流分离"，单笔离岸贸易结算金额530万美元。

"在临港新片区从事离岸转手买卖业务，与银行的交流更为便捷，而且FT（自由贸易）账户内的汇率可以参考CNH（离岸人民币）汇率，汇率结算更灵活，与国际市场牌价更贴近。"上海金恬实业有限公司资金部总监时琳向记者表示。

伍 地方答卷篇

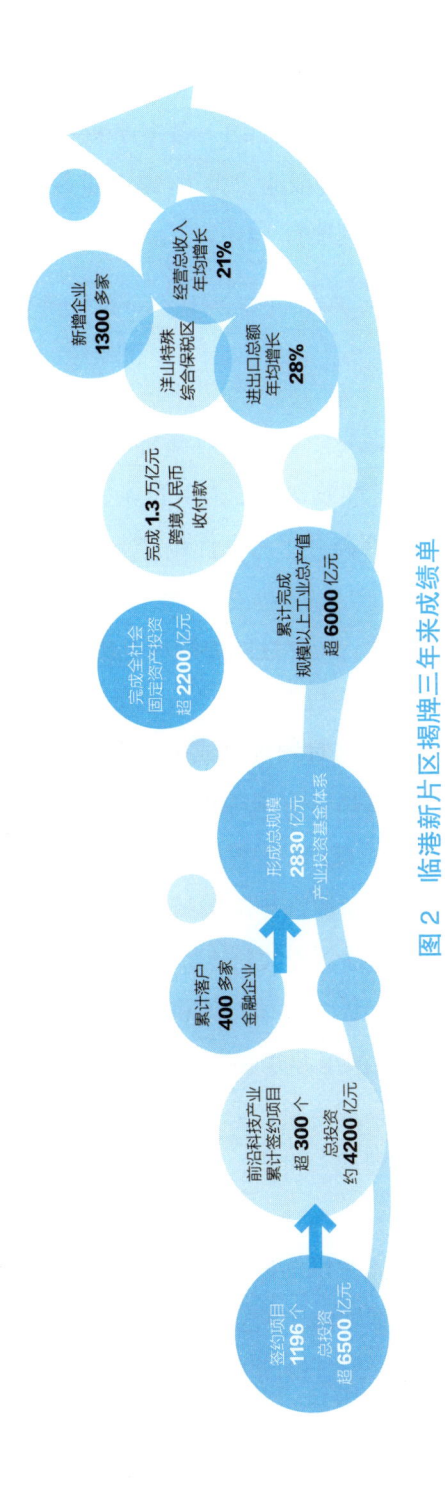

图 2 临港新片区揭牌三年来成绩单

- 新增企业 1300 多家
- 经营总收入年均增长 21%
- 洋山特殊综合保税区 进出口总额年均增长 28%
- 完成 1.3 万亿元跨境人民币收付款
- 完成全社会固定资产投资超 2200 亿元
- 累计完成规模以上工业总产值超 6000 亿元
- 累计落户 400 多家金融企业
- 形成总规模 2830 亿元产业投资基金体系
- 前沿科技产业累计签约项目超 300 个 总投资约 4200 亿元
- 签约项目 1196 个 总投资超 6500 亿元

率先落地跨境贸易投资高水平开放试点、开展本外币合一跨境资金池试点、承接权限内境外投资（ODI）备案事权……三年来，临港新片区为38家企业搭建了跨境资金池，为16家企业办理了一次性外债额度登记，共备案对外直接投资项目141个。

» 瞄准关键核心技术　集聚世界前沿产业集群

三年来，临港新片区聚焦前沿产业高质量发展，着力打造"4+2+2"产业体系，即集成电路、生物医药、人工智能、民用航空四大核心产业，高端装备制造、智能新能源汽车两大优势产业，氢能、绿色再制造两大未来产业。

一批前沿性、带动性、国际性的前沿产业集群正在临港新片区集聚。其中，集成电路产业已集聚积塔、新昇、中微等龙头企业，覆盖了芯片设计、制造、材料、装备、封测等集成电路全产业链；生物医药集聚康希诺、美敦力、君实、臻格、华领等重点企业，涵盖创新生物药、重点疫苗、高端医疗器械等领域；人工智能产业已落地商汤、寒武纪、地平线等上百家企业；智能新能源汽车围绕特斯拉上海超级工厂和上汽集团临港生产基地，已形成世界领先的新能源汽车产业集群。

再过两天，积塔半导体二期项目就将正式开工。这一项目总建筑面积20万平方米，将聚焦汽车芯片生产，成为打造长三角集成电路集群的重要一环和临港特色集成电路产业的标签。仅仅三年间，积塔半导体在临港快速实现了一期建成、投产，再到如今二期开工，实现了跨越式发展。

2019年4月，临港新片区尚未揭牌，已经培育了一家独角兽企业的彭垚，将再次创业地设在临港，成立闪马智能。闪马智能创始人兼CEO彭垚接受记者采访时表示，"当时是想再培育一家独角兽公司，看中了临港这块沃土，未来发展可期。"

三年前多播下的一粒子，收回来一只"AI+交通"赛道的独角兽。近日，闪马智能完成第四轮 4 亿元融资，累计融资额近 8 亿元，收入也已从 3 年前的几百万元增长至数亿元，每年增幅达 3 倍。

"扎根在临港，闪马智能希望深度赋能临港，将智慧交通领域的实践应用到临港新片区，助力临港打造未来之城。"彭垚说。

越来越多的企业敏锐捕捉到这片土地涌动的机遇，三年来，临港新片区前沿科技产业累计签约项目超 300 个，涉及总投资超 4200 亿元；产业固定资产投资累计完成 1161.81 亿元，三年平均增速超过 40%。

引凤筑巢。为更好地助力前沿企业在临港新片区发展，临港新片区建设由 3 个诺贝尔奖得主领衔的国际联合实验室，吸引国际顶尖科学家研究成果转移转化，同时建立 20 家科技创新平台和创新载体，支持龙头企业建设创新联合体。

根据国际惯例，财税激励政策通常是各国自贸区建设的核心制度之一。为助力前沿产业集聚，临港新片区探索实施具有国际竞争力的税收制度，其中对四大核心产业实行 15% 企业所得税优惠，目前共计 132 家企业通过资格认定，累计减税金额约 11.73 亿元。

揭牌三周年之际，临港新片区再次加快推进集成电路、人工智能、生物医药、智能新能源汽车等前沿产业的发展。其中，到 2025 年，力争集成电路产业规模突破 1000 亿元，形成 5 家国内外领先的芯片制造企业、5 家年收入超过 20 亿元的设备材料企业、10 家以上独角兽企业、10 家以上上市企业；人工智能产业集聚自动驾驶、智能终端、智能芯片、软件信息、数据服务等人工智能企业 500 家，相关产业规模攀升至 500 亿元；生物医药基本建成集创新策源和高端制造于一体的生物医药创新产业高地；智能新能源汽车产业规模突破 4000 亿元，年均增长超过 30%，助力上海打造万亿级汽车产业集群。

持续攻坚突破　为全国自贸区发展探路破局

打造更具国际市场影响力和竞争力的特殊经济功能区，临港新片区主动服务和融入国家重大战略，更好服务对外开放总体战略布局。

站在三周年的新起点，临港新片区目前正在争取国家层面出台总体方案2.0版。上海市委常委、常务副市长吴清近日透露，下一步上海将继续坚定不移地加大临港新片区风险压力测试力度，出台支持临港新片区加快建设独立综合性节点滨海城市的若干政策措施，争取国家层面印发临港新片区建设三年行动方案，在攻坚突破中为全国自贸试验区发展探路破局。

上海市政府常务会议目前已原则同意《关于支持中国（上海）自由贸易试验区临港新片区加快建设独立综合性节点滨海城市的若干政策措施》，赋予临港新片区更多改革自主权和先行先试任务，突出特殊性、精准性和协同性。要以政策之"特"带动新片区产业发展和区域功能更"优"，聚焦解决瓶颈问题，全力推动政策红利转化为实际效益。

上海财大自贸区研究院副院长孙元欣接受证券时报记者采访时表示，独立综合性节点滨海城市，在"城市"一词前有四个前缀词，其中"独立、综合性、节点"表明与传统卫星城市、辅助性城市的差异，是新增长极和战略支点，"滨海"符合临港新片区的区位优势。

在孙元欣看来，临港新片区的突破重点拟有：以"五个重要"为统领，进一步明确目标任务；在国家亟须的芯片制造、大飞机、人工智能等产业领域有实质性突破；集中力量开展攻关突破，充分发挥上海国际化大都市、临港新片区的综合优势，尽快形成核心功能、产能和成效，突破"卡脖子"领域，展现中国智慧和创造力；对接国际经贸新规则，开展先行试验。

"临港新片区发展有两条逻辑主线，一是'国家需求—重大任务—回应国家需求'，这一主线确定了新片区的地位、功能和作用，以及与传统产业园区的区别。"孙元欣向记者表示,"二是'资源投入—功能形成—效益产出',这一主线反映了投入产出规律。"

如何做到"立地顶天"？既要立足实际,又要回应国家需求,孙元欣建议,临港新片区应对接国家需求,开展制度型开放压力测试,在对接国际新规则、跨境金融服务、跨境数字流动、聚焦产业制度创新等方面推进改革探索,同时充分发挥市场在资源配置中的决定性作用,即竞争机制、价格机制和价值规律的作用,应有所为,有所不为。

三年夯基垒台,今朝扬帆远航。未来,临港新片区将保持锐意创新的勇气、敢为人先的锐气、蓬勃向上的朝气,持续扩大高水平开放,全力推动高质量发展,形成更多首创性改革、引领性开放、集成性制度创新成果,更好发挥国家战略承载地试验田的作用。

（证券时报记者张淑贤,原载《证券时报》2022年8月20日A001、A004版）

奔向繁荣：资本市场这十年

立足湾区协同港澳
广州南沙构建高水平发展新格局

珠江口，伶仃洋畔。广州南沙，粤港澳大湾区的地理几何中心。十年间，从阡陌纵横到车水马龙，昔日滩涂，正拔起一座现代化的滨海城市。

弄潮儿向涛头立。从国家级新区到自贸试验区，再到粤港澳全面合作示范区，南沙这座新兴滨海城市站上了世界大湾区城市竞合发展舞台的前沿。而今，南沙再一次肩负起新使命，全力打造立足湾区、协同港澳、面向世界的重大战略性平台。

» 以港兴城 城以港兴

南沙港，世界最繁忙的港口之一。

从南沙海港大厦顶部俯瞰，潮平海阔，海面航道繁忙，一艘艘集装箱班轮满载着货物从这里扬帆起航。

"2004年，南沙港区从一片滩涂中起步。凭借良好的区位和运营优势，南沙港区逐步成为世界海运体系中的一个重要节点。"广州港相关负责人在接受证券时报记者采访时说。

南沙距香港38海里、澳门41海里，方圆100公里内汇聚了粤港澳大湾区全部11座城市以及广州机场、深圳机场、香港机场等繁忙的国际空港。粤港澳大湾区地理几何中心代表了南沙的先天禀赋。

"在此建设港口，有望实现港口发展与地区经济的同步互动，实现快速超常规的发展。"广州港相关负责人表示。

进入21世纪，广州港开始了在南沙地区大规模、高水平、超常规的港口建设和经营发展。2004年，南沙港区集装箱一期工程正式投产；2006—2014年底，南沙港区集装箱第二期工程及第三期工程2个深水泊位陆续投产。今年，南沙港区四期自动化码头正式投入运行。

"这是粤港澳大湾区首个全新建造的自动化码头。"广州港相关负责人介绍，作为南沙发展的重要见证者，广州港运用多式联运、交通枢纽的优势，既让粤港澳大湾区的技术和资本通过南沙港辐射到内地，也让内地的资源和货物通过南沙走向世界，实现对"一带一路"、欧美及新兴市场区域深度覆盖，提高国际、国内中转能力，打造国际航运枢纽。

日新月异的南沙港区正是南沙快速发展的一个缩影。

北京大学汇丰商学院副院长任颋在接受证券时报记者采访时表示，南沙区位优势明显，处于珠江口"黄金内湾"的水路、公路、铁路的中心枢纽位置，在资源的有效集聚和辐射方面均能够发挥强大的引领和配置作用。

远洋货轮川流不息，集装箱装卸繁忙，拖车往来频密。货畅其流，经贸频密，从白天到深夜，来自全球各地的货物24小时不间断地在广州南沙进出。借助地理区位优势和叠加政策红利，南沙不断扩大港口规模，支撑海港经济蓬勃发展。

目前南沙港区已开辟外贸航线148条，航线通达全球200多个城市、400多个港口，南沙已经成为大湾区名副其实的"流量入口"。以航促贸，以贸兴港，南沙向海而生。

2021年，南沙港区实现集装箱吞吐量1766万标箱，是2012年的1.84倍，占整个广州港集装箱总量的七成以上；货物吞吐量3.55亿吨，占广州市港口货物吞吐量比重达54.5%。

海港经济蓬勃发展也带来了地区发展的"加速度"。2021年南沙地区生产总值突破2000亿元，从1000亿元到2000亿元，南沙只用了7年时间。过去10年，南沙的主要经济指标常年保持两位数增长。

》 从地理中心到战略 C 位

回顾南沙的发展路径，尤其是从国家新区获批以来的 10 年时间里，南沙在政策上迎来接连升级。伴随着发展定位等级提升，南沙发展路径也越来越明晰。

2012 年，国务院批复《广州南沙新区发展规划》，提出要努力把南沙建设成为深化粤港澳全面合作的国家级新区。南沙新区成为第六个国家级新区。

2015 年，国务院印发《中国（广东）自由贸易试验区总体方案》。当年，中国（广东）自由贸易试验区广州南沙新区片区挂牌，自贸区南沙片区 60 平方公里成为广东自贸区的最大片区。方案明确依托港澳、服务内地、面向世界，将自贸试验区建设成为粤港澳深度合作示范区、21 世纪海上丝绸之路重要枢纽和全国新一轮改革开放先行地。该片区重点发展航运物流、特色金融、国际商贸、高端制造业等产业，建设以生产性服务业为主导的现代产业新高地和具有世界先进水平的综合服务枢纽。

（亿元）

> 从 1000 亿元到 2000 亿元，南沙只用了 7 年时间。过去 10 年，南沙的主要经济指标常年保持两位数增长。今年上半年，南沙 GDP 产值 1011.3 亿元，同比增速 3.7%，引领广州市经济增长

2021年：2131.61
2015年：1063.23

图 1　近年广州南沙地区生产总值发展走势

2017 年，广东省第十二次党代会进一步明确把南沙建设成承载门户枢纽功能的广州城市副中心。

2019年,《粤港澳大湾区发展规划纲要》正式对外发布,进一步明确把南沙打造成为粤港澳全面合作示范区,要携手港澳建设高水平对外开放门户、共建创新发展示范区、建设金融服务重要平台和打造优势生活圈。

今年6月,国务院印发《广州南沙深化面向世界的粤港澳全面合作总体方案》(简称《南沙方案》),提出要打造立足湾区、协同港澳、面向世界的重大战略性平台,在粤港澳大湾区建设中更好发挥引领带动作用。

《南沙方案》明确提出五大任务:建设科技创新产业合作基地;创建青年创业就业合作平台;共建高水平对外开放门户;打造规则衔接机制对接高地;建立高质量城市发展标杆。五大任务明确了南沙未来主攻方向。

"《南沙方案》的出台,赋予南沙重大战略定位,给予更大政策支持,为区域发展注入新活力、带来新机遇。"广州港相关负责人告诉记者。

其中,《南沙方案》把科技创新放在首位,这与《粤港澳大湾区发展规划纲要》把建设国际科技创新中心作为首要任务是一致的,突出了南沙支撑粤港澳大湾区建设国际科技创新中心的重要支撑作用。

中国(深圳)综合开发研究院自贸创新中心、城乡发展研究中心主任余宗良在接受证券时报记者采访时表示,南沙作为粤港澳大湾区三大引领性平台之一,相较于前海、横琴而言,拥有两大比较优势:一是土地资源丰富,要素成本相应也低。南沙连片土地多,开发强度低,仅为23%左右,具有一二三产多业态融合发展的承载空间;二是合作对象和合作内容全面,更易生成集成优势。《南沙方案》要求南沙"成为粤港澳全面合作的重要平台",合作领域包括科技、人才、产业、公共服务、社会管理、环保、城市建设等等,相互促进、有机结合,集成性、系统性制度创新优势明显。

任颐表示,"立足湾区、协同港澳、面向世界的重大战略性平台",这几个关键词中,"湾区"与"港澳"是题中应有之义,因为粤港澳大湾区本身是"9+2"的城市群,要在大湾区内做好协同发展,这是完成"内循环"的一半任务,而另一个关键词"面向世界"则是要完成连接"外循环"的另一半任务,"重大战略性平台"就是要发挥国际国内双向循环双向促进的战略性枢纽功能。

"当然,南沙总体上在产城融合的新城建设方面处于后发状态,在基础设施、产业培育、人才集聚、宜居环境营造等方面都有许多基础性的工作要加强。"任颋表示,这种"战略留白"式的发展空间潜力也是巨大的。

» 科创引领 竞逐"芯晨大海"

今年8月,第八届广州国际投资年会南沙专场活动上,南沙区签约项目73个,涉及总投资额近1400亿元。其中,"芯、晨、大、海"重点项目共40个,涵盖芯片制造、人工智能、生物医药、新能源、汽车制造、高端装备、海洋科技等产业领域。

"依托深水良港优势,南沙新区吸引了汽车、机械设备以及造船、钢铁等一大批临港工业和航运物流等关联产业进驻,为南沙新区各产业起步发展奠定了良好的基础。"谈及南沙经济发展历程,广州港相关负责人介绍。

任颋表示,南沙突出的优势首先体现在腹地广阔,全域面积803平方公里,在产业空间、人居空间、科教文化空间等方面都有着比较充沛的包容性,为自贸片区和合作区提供了有力的空间支撑,有条件大手笔规划、高规格设计以及高质量地引进和培育海内外合作项目。

落户南沙5年,小马智行以独特的视角,记录着南沙蓬勃发展的活力。公司相关负责人向记者介绍,"小马智行自动驾驶车辆每天都会在南沙穿梭,哪里新增了道路,绿灯开始亮起来,哪条马路越来越繁忙,我们都能第一时间了解。"这家诞生于美国硅谷、成长于广州南沙的企业目前已经成为国内自动驾驶领域的独角兽。

总部位于南沙的宝乐机器人,以清洁服务机器人为主营业务,产品已出口至45个国家,与60多个品牌进行了合作,目前正在南沙建设高水准的机器人研发设计中心和智能化数字工厂。选择南沙,宝乐机器人看中的正是南沙海港优势转化为产业发展所释放的机遇。

以项目为抓手,创新为导向,促进为目标,推动产业、消费、流通各环节各要素融合,搭建更广泛更牢固的产业链供应链,促进产业向高端智能等领域迈进,因海而生的南沙逐步构建大湾区现代产业新高地。

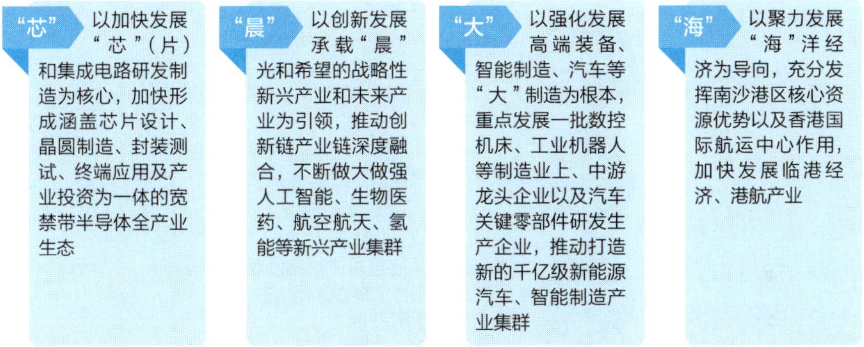

"芯"以加快发展"芯"(片)和集成电路研发制造为核心,加快形成涵盖芯片设计、晶圆制造、封装测试、终端应用及产业投资为一体的宽禁带半导体全产业生态	"晨"以创新发展承载"晨"光和希望的战略性新兴产业和未来产业为引领,推动创新链产业链深度融合,不断做大做强人工智能、生物医药、航空航天、氢能等新兴产业集群	"大"以强化发展高端装备、智能制造、汽车等"大"制造为根本,重点发展一批数控机床、工业机器人等制造业上、中游龙头企业以及汽车关键零部件研发生产企业,推动打造新的千亿级新能源汽车、智能制造产业集群	"海"以聚力发展"海"洋经济为导向,充分发挥南沙港区核心资源优势以及香港国际航运中心作用,加快发展临港经济、港航产业

图 2　广州南沙"芯晨大海"布局愿景

谈及南沙产业发展方向,南沙区委常委、常务副区长魏敏表示,未来南沙将加快布局建设"芯晨大海"四大产业集群,力争到2025年形成2万亿的总规模。一是以加快发展"芯"(片)和集成电路研发制造为核心,加快形成涵盖芯片设计、晶圆制造、封装测试、终端应用及产业投资为一体的宽禁带半导体全产业生态。

二是以创新发展承载"晨"光和希望的战略性新兴产业和未来产业为引领,推动创新链产业链深度融合,不断做大做强人工智能、生物医药、航空航天、氢能等新兴产业集群。

三是以强化发展高端装备、智能制造、汽车等"大"制造为根本,重点发展一批数控机床、工业机器人等制造业上、中游龙头企业以及汽车关键零部件研发生产企业,推动打造新的千亿级新能源汽车、智能制造产业集群,不断筑牢实体经济根基。

四是以聚力发展"海"洋经济为导向,充分发挥南沙港区核心资源优势以及香港国际航运中心作用,加快发展临港经济、港航产业。

记者了解到，为贯彻落实《南沙方案》，加快打造现代产业新高地，南沙已推出了国家级新区首个"四链"融合政策体系，未来 5 年将投入超 200 亿元，分层次、全周期地精准支持企业和人才发展。新的定位之下，由科创、产业开始，南沙牢牢把握主动权，逐步打开更大的发展格局。

- **1993年** ▶ 国务院批准设立广州南沙经济技术开发区
- **2005年** ▶ 国务院批准设立广州市南沙区
- **2012年** ▶ 国务院正式批复《广州南沙新区发展规划》，南沙新区成为第六个国家级新区
- **2015年** ▶ 中国（广东）自由贸易试验区广州南沙新区片区挂牌
- **2017年** ▶ 广东省进一步明确把南沙建设成承载门户枢纽功能的广州城市副中心
- **2019年** ▶ 《粤港澳大湾区发展规划纲要》公布，南沙区被定位为粤港澳全面合作示范区
- **2022年6月** ▶ 国务院印发《广州南沙深化面向世界的粤港澳全面合作总体方案》，提出把南沙打造成为立足湾区、协同港澳、面向世界的重大战略性平台

图 3 广州南沙发展大事记

》 打造金融开放创新枢纽

经济是肌体，金融是血脉。

南沙瞄准科创、产业的同时，也积极打造金融开放创新枢纽，不断提升集聚力、辐射力、影响力。

广州南沙经济技术开发区金融工作局党组书记、局长廖晓生在接受证券时报记者采访时说，"广东自贸区南沙片区2015年挂牌时，南沙金融业几乎从零起步，经过7年迅猛发展，现已跻身五大重点产业之列。"

数据显示，2015年，南沙金融增加值不足1亿元，2021年增至171.52亿元，GDP占比从0.01%上升至8.05%。今年上半年，全区金融业增加值为84.28亿元，同比增长10.8%，占南沙GDP的8.33%；累计落户金融企业6705家，其中持牌法人金融机构15家，占广州全市1/4；融资租赁企业2208家，占全国20%。

南沙金融板块的实力大大增强，形成了鲜明的地方特色。跨境金融方面，截至2022年6月，累计跨境人民币结算量近5700亿元，开设自由贸易（FT）账户超6000户、FT全功能资金池超150个，净流入额度超1870亿元人民币。航运金融方面，南沙有华南地区最大的船舶资产交易服务平台，截至2022年6月，累计完成船舶交易超5000艘，交易额近190亿元；全国首个线上航运保险要素交易平台，截至2022年6月，累计实现保费约8400万元，提供风险保障金额超260亿元。

另外，南沙在绿色金融、金融科技、融资租赁、商业保理、股权投资和期货交易方面也取得长足进展。南沙还打造了全国首个国际金融岛，随着国际金融论坛永久会址全面封顶、期货产业园区建设、粤港澳大湾区国际商业银行、港澳保险服务中心等创新型金融机构的筹备，可以说，南沙金融的未来发展空间布局已具雏形。

上市公司的发展是观察一个区域经济发展活力、速度和质量的重要窗口。

今年7月，国内健康大数据行业龙头中康控股在香港联合交易所主板正式上市，这是《南沙方案》出台后，南沙迎来的第一家上市公司。截至目前，南沙境内外上市公司总数达13家，总市值超1200亿元，累计融资超 100 亿元。

记者了解到，围绕新定位、新要求，南沙将从创新改革试点、完善体制机制、优化营商环境、打造交流平台等四个维度推进金融市场互联互通，为打造立足湾区、协同港澳、面向世界的重大战略性平台提供坚实的金融保障。

廖晓生介绍，南沙将探索更加具有国际竞争力和更加开放的金融政策和制度，推动与港澳规则衔接、制度对接和市场互通，推动形成更高水平的"引进来"和"走出去"创新模式，促进区内金融机构和企业更好地利用境内境外两个市场、两种资源。

另外，为推动大湾区重大平台落地见效，南沙将以广州期货交易所建设为契机，规划打造期货产业园，推动期现联动，助力建设风险管理中心；聚焦基础设施硬联通和规则机制软联通，全力协助推动设立粤港澳大湾区国际商业银行、粤港澳大湾区保险服务中心总部等重要金融服务平台。深化重点功能区建设，加快推进粤港澳大湾区（广州南沙）跨境理财和资管中心建设，建成跨境理财和资管机构、人才、信息高地等。

对于南沙金融业未来的发展，余宗良建议，南沙应一手抓"并跑"：把握与前海、横琴的共性，在跨境金融、银证保基金等传统金融领域，继续深入推进；一手抓"领跑"：加快在期货、要素交易平台、航运金融、绿色金融、保险、科技金融等领域形成"领跑"优势。

百舸争流千帆竞，潮头踏浪奋者先。南沙这个站在世界大湾区城市竞合发展舞台前沿的国家级新区，正迎来湾区发展的大好机遇，未来十分可期。

（证券时报记者吴少龙，原载《证券时报》2022 年 9 月 27 日 A001 版、A004 版）

06

公司力量篇

多层次资本市场驶入"快车道"
上市公司增"量"提"质"

十年来,中国资本市场制度体系日趋完备,全面深化改革取得重大突破,资本市场实现大发展,已形成涵盖沪深主板、科创板、创业板、北交所、新三板、区域性股权市场、私募股权基金在内的多层次股权市场。

» 市场篇:上市公司数量十年翻番

一批批"硬科技"企业、成长型创新创业企业在资本市场的助力下加速发展,上市公司数量和A股总市值迅速增长。

证券时报·数据宝统计,当前A股共有4934家上市公司,较十年前翻番。2014年底A股市值首次跃升至全球第二位,仅次于美国,并在其后大部分时间保持市值全球第二的国际地位。2021年12月16日,A股总市值升至92.3万亿元,创历史新高。

上市公司"质""量"双升,十年间A股市场"千亿级""万亿级"市值公司不断涌现,先后诞生了贵州茅台、宁德时代、海天味业等一批新的大市值公司。千亿元以上市值的公司数量从2011年末的23家增长至2021年末的149家,实现5倍以上的增长,市值百强门槛提升至1309.98亿元。

图 1　2021 年 IPO 融资规模发行数量均创新高

» 融资篇：注册制改革带旺 IPO 节奏

注册制是资本市场全面深化改革的"牛鼻子"工程。科创板的推出、北交所的设立、注册制改革的落地均使得资本市场对实体经济的适配性大幅增强，改革孵化出的新股数量迅速增长。

今年以来，面对美联储加息、新冠肺炎疫情反复等多重因素叠加冲击，资本市场经受住了严峻考验，交易保持活跃。在全球主要市场股权融资普遍低迷的背景下，今年以来 A 股 IPO（首次公开募股）公司家数达 295 家，融资金额总计 4734.95 亿元，相当于去年全年近九成；今年前 7 个月，沪深交易所共有 178 家企业 IPO 上市，合计融资 3459 亿元，IPO 数量和融资金额均居全球首位。

科创板为全市场推行注册制探明改革路径的同时，吸引了一批面向世界科技前沿、服务于国家战略、突破关键核心技术、市场认可度极高的科技创新企业。三年多以来，科创板上市公司数量从 25 家扩充至目前的 471 家，总市值从最初的 5293.39 亿元增长至目前近 6 万亿元，占 A 股总市值的 7% 左右，权重日益提升。

创业板注册制改革以来，汇聚了众多创新型企业。注册制下创业板新上市公司达 376 家，占创业板公司总数的 31.44%，总市值超 2.3 万亿元，占板块整体市值的20%，近九成为高新技术企业，近六成为战略性新兴产业中的企业。整体来看，注册制下的创业板上市公司呈现出研发投入高增长、创新属性鲜明、成长性良好的特点。

北交所挂牌上市公司一年来达113家，总市值达1827.98亿元。作为服务创新型中小企业的主阵地，挂牌公司中，中小企业占比达77%，民营企业占比90%，战略性新兴产业、先进制造业等占比超八成。依托与新三板一体发展优势，北交所发行上市更为便捷顺畅，IPO从受理到完成注册平均用时140余天，最短的仅用时37天。

» 结构篇：电力设备行业市值跃居第一

十年间，随着经济发展与产业结构优化，二级市场中行业规模发生了大变化。以申万一级行业来看，2012年末A股总市值规模前五的行业分别为银行、石油石化、非银金融、医药生物、房地产；除银行业总市值规模占A股比重（17.59%）较大之外，其他行业占比差距较小。截至目前，总市值规模前五的行业为电力设备、银行、食品饮料、医药生物、电子，市值规模前五行业有三席易主。

电力设备行业以7.52万亿元的市值规模居首，目前该行业的上市公司数量从2012年末132家增长至318家。其间，恩捷股份、宁德时代、隆基绿能等新能源、高端制造企业相继在A股市场亮相。

从电力设备行业一骑绝尘的背后发展逻辑来看，2012年发布的《"十二五"国家战略性新兴产业发展规划》中，节能环保、新兴信息产业、生物产业、新能源、新能源汽车、高端装备制造业和新材料产业成为中国重点发展的七大战略性新兴产业，这其中有四大行业与电力设备直接相关。叠加"双碳"战略及"十四五"规划等利好支持，电力设备行业在这十年间脱颖而出，市值规模从2012年末5386.44亿元增长至今年一度超8万亿元，市值增幅近15倍，领跑A股全行业。

十年间，机械设备行业的上市公司增长最多，从 2012 年末的 169 家增长至目前的 489 家，增长 320 家，增量远超第二名的电子行业。

图 2　前五大行业市值规模变迁

» 质量篇：近十年累计现金分红超 12 万亿

党的十八大以来，中国经济总量连续跨越多个重要关口。2016—2018 年相继突破 70 万亿元、80 万亿元、90 万亿元关口。2020 年，中国成为全球唯一实现经济正增长的主要经济体，国内生产总值历史上首次突破 100 万亿元。经济高速发展之下，上市公司盈利能力持续提升，成为实体经济的"基本盘"和国民经济的支柱力量。

2021 年，上市公司营业收入、净利润总体呈现持续增长趋势，2021 年度 A 股公司总营收突破 60 万亿元，净利润总额接近 5 万亿元，上市公司平均营收 138.71 亿元，平均净利润 10.34 亿元，均创下历史新高。

今年上半年，A 股上市公司总营收达 34.56 万亿元，占去年全年营收的 53.18%；归母净利润总额超 3 万亿元，超去年全年净利润的 60%。总营收规模占上半年国内生产总值（GDP）的 61.42%，相比于 2012 年的占比数据增长 14.21 个百分点。

近年来，上市公司研发投入总额占营收比例逐年上升，2021年上市公司研发投入规模达1.34万亿元，与2012年相比增幅超500%。今年以来，上市公司获得专利数量合计为131.54万件，比2012年增长487.78%，有力支持经济创新发展。

随着A股高分红时代开启，在监管层多方面积极引导下，上市公司分红意识显著增强，2012年以来累计现金分红超12万亿元。

2017年上市公司现金分红总额首次突破万亿元之后节节攀升，2021年累计现金分红总额达到1.82万亿元；1930家公司现金分红占净利润比例不小于30%，现金分红占净利润比例不小于30%的上市公司数量逐年增加，大手笔分红渐成常态。

A股公司近年整体现金分红率逐渐提升，2020年和2021年上市公司现金分红金额占净利润比例分别达38.29%和37.48%，处十年来高位。

图3 上市公司营收净利均创新高

» 投资者篇：机构投资者占比持续上升

随着资本市场生态的改善和赚钱效应的持续展现，二级市场吸引力显著增强。A股市场自然人投资者开户数在2016年初突破1亿大关后持续增长，今年 3 月末突破 2 亿大关。

从 1990 年上交所开锣算起，投资者数量从 0 增长到 1 亿户，资本市场走了二十五年时间；如今增长到超 2 亿户规模，仅用时六年。

中国证券登记结算公司的最新数据显示，自然人投资者开户数已经达到 2.08 亿个，相当于每七人中有一人开户。投资者数量增加积极推动着市场活跃度。2021 年，A 股市场创下了 149 个交易日成交额超万亿元的历史纪录，整体日均换手率 1.32%，创六年来新高。

机构化是资本市场发展的必然趋势，机构化程度越高，市场愈加理性，越有利于价值投资。

十年间，机构投资者占比不断上升，过去以散户作为主导的市场特征已经发生明显的改变。根据证监会数据，截至 5 月底，境内专业机构投资者和外资持有 A 股流通股市值占比达到了 22.8%，比 2016 年提升了 6.9 个百分点。2021 年个人投资者交易占比首次下降到了 70% 以下，价值投资、长期投资、理性投资的理念逐步建立。

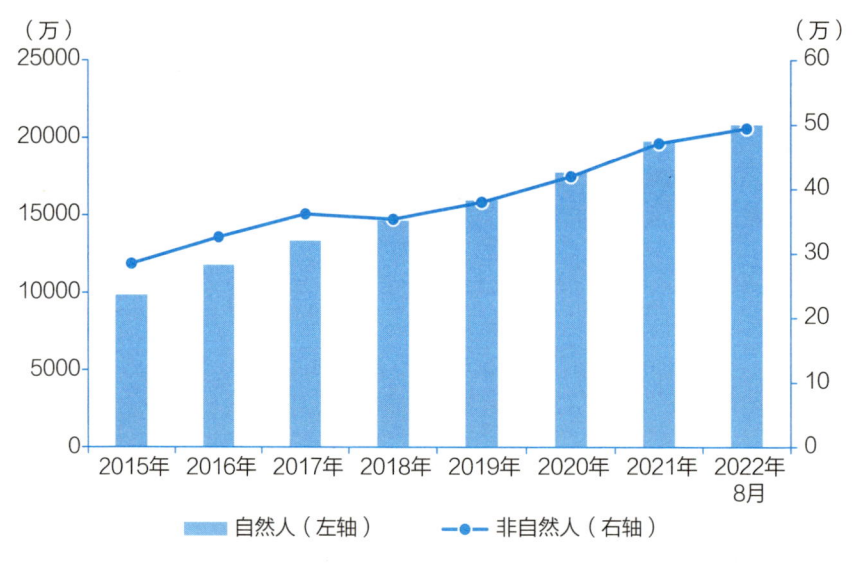

图 4　A 股投资者数量变化情况

从机构投资者数量来看，最新数据显示，非自然人投资者开户数为49.49万个。2021年非自然人投资者数量同比增幅12.51%，超过自然人投资者数量的增幅。

公募基金成为居民财富管理的重要方式之一。最新数据显示，公募基金产品总数量已经达到10123只，管理规模合计27.06万亿元。

公募基金产品类型日益丰富，基金行业创新产品迭出并快速发展，在此背景下，基金投资者数量剧增。根据中国证券业协会发布的《2021年度证券公司投资者服务与保护报告》显示，截至2021年底，中国基金投资者开户数量超过7.2亿。十年前，基金户数还不到4000万，十年间，公募基金投资者数量增长了17倍。

» 期货篇：期货交易规模多年居全球前列

十年间，中国期货市场的体量和影响力快速提升，新上市期货和期权品种73个，商品期货成交量连续多年全球领先，铜、PTA（精对苯二甲酸）、豆粕等重要品种价格已成为现货贸易定价基准，市场长期保持平稳有序运行。2022年以来，中国期货市场总资金突破1.6万亿元，总持仓突破3600万手，均创历史新高。截至上半年，商品期货成交量29.78亿手，占全球商品类成交量的69.07%，中国连续多年成为全球规模最大的商品期货市场。

期货市场还推出了具有中国特色的期货品种，上市25个以燃料油、塑料等品种为代表的中间产品期货，其中19个为中国独有上市品种，受到境内外市场广泛关注。目前原油、棕榈油等9个期货品种已面向境外投资者开放，品种开放范围进一步扩大，国际化进程加速推进。

根据美国期货业协会公布的成交量排名，中国期货品种在农产品、金属品种前二十强中分别占有16席、14席。中证1000股指期货、期权、近期挂牌交易的5个油脂期权成功上市，国内期货期权数量达101个。

(亿手)

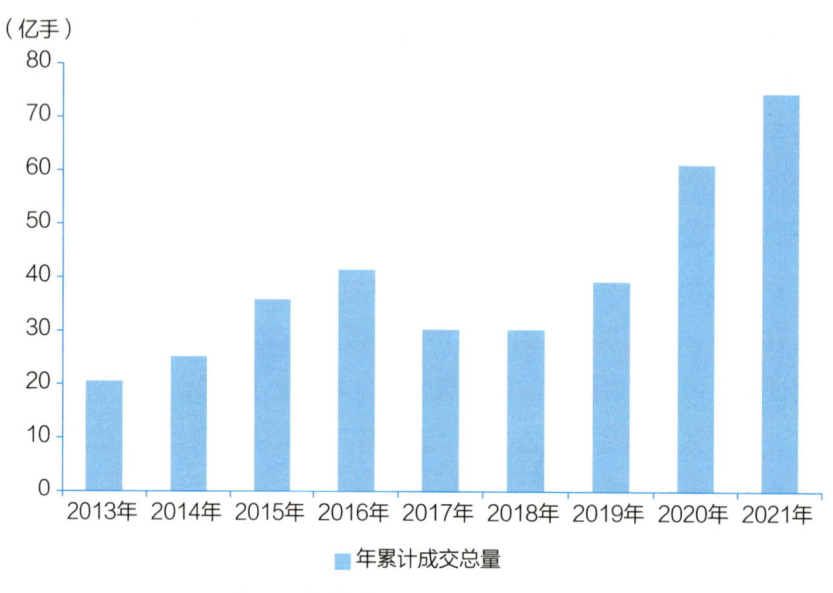

图5 期货市场交易量大幅增长

» **债券篇：债券规模全球第二**

债券市场已成为资源配置优化和企业融资结构调整的重要力量。截至今年8月末，中国债券规模达142.3万亿元，与2012年底的26.28万亿元相比，增长幅度超441.44%，债券余额排全球第二位，仅次于美国。

作为企业直接融资的重要渠道，公司信用类债券市场规模也跃升至全球第二位，托管余额从2012年的6.7万亿元增至去年底的30.8万亿元，增幅近360%。

在债券余额迅速增加的同时，债券品种也由单一的国债发展到当前含国债、地方债、金融债、可转债、企业债等十余个品种的债券体系。其中，地方债规模在债券余额中的占比从2012年末的不足3%攀升至近30%，是近年来增长势头最为强劲的债券品种。

2005年5月，首家境外机构投资者获准进入银行间债券市场以来，中国国债陆续被全球三大债券指数纳入，外资配置需求持续增加。截至

2022年7月末,境外机构在中国债券市场的托管余额为3.6万亿元,占中国债券市场托管余额的比重为2.5%。

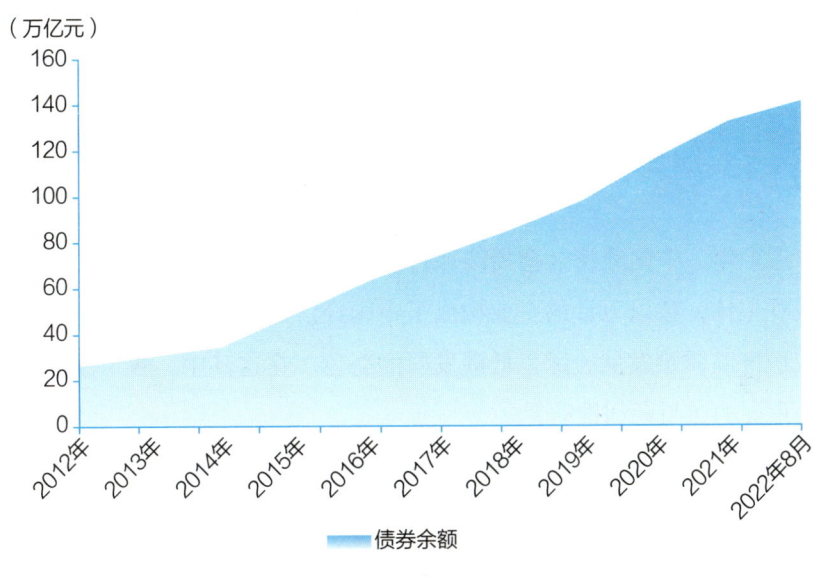

图6　中国债券余额持续上升

(证券时报记者郭洁,原载《证券时报》2022年9月28日A004版)

强链低碳创新担当　上市公司勇立潮头

近十年，中国经济社会始终保持蓬勃发展势头，作为经济社会运行的微观主体，数以万计的企业构成了中国经济的细胞与肌体，也绘就了中国经济高质量发展、绿色低碳发展的亮色。在这其中，数千家上市公司是重要的参与者和推动者。

截至今年5月底，中国境内上市公司数量4817家，总市值84.4万亿元，规模稳居全球第二。公开资料显示，在中国约4800万户企业中，上市公司数量仅占万分之一，但2021年总营收占当年全国GDP的56.81%；缴纳税金占全国税收总收入的23.41%；上市公司员工总数在全国就业人数中占3.74%。扎根各领域的上市公司充分发挥领头羊角色，在新能源汽车、光伏、移动通信等风口行业涌现出一批有代表性的"链主"企业，以公司高质量发展推动产业链进步，个体与产业相互助力、相互成就，使产业链生态愈加完善，全球化步伐更加坚定。

过去十年，发展的含义悄然发生变化：从强调速度、规模转变为追求高质量、集约型的增长，绿色低碳、技术创新成为发展的关键词。无论是新能源汽车、光伏还是移动通信产业，都具备硬科技的属性，一批中国企业，尤其是上市公司，通过持续的研发投入攻克下诸多技术难关，在世界科技竞逐中由追随者变为领跑者。

特别是近两年，响应国家提出的"双碳"目标，新能源车、光伏行业爆发式增长，凭借自身的绿色属性成为碳中和主力军，更多上市公司则通过降低生产能耗、使用绿电等方式积极减碳。

此外，大量上市公司主动创造就业，积极参与抗疫救灾，勇于担当社会责任，为中国经济社会和谐发展贡献力量。

» 发挥"链主"带动效应

党的十八大以来，一批新兴产业蓬勃发展，头部公司在其中的引领作用不容忽视。这些公司在整个链条上发挥出协同和示范作用，助推产业规模和发展质量走向新高度。

从 2010 年主管部门开始提供财政补贴以扶持产业来算，中国新能源汽车发展已经走过十余年。2020 年整个产业真正开启市场化，越来越多的绿牌车驶上街头，动力电池、锂电材料等关键上游也迎来了一轮发展热潮。

一批高质量领军企业涌现。成立于 2011 年的宁德时代是其中代表，在新能源汽车产业发轫之际，曾毓群带领团队二次创业，由消费电池转向动力电池，紧紧把握住了产业机遇，并逐渐坐稳全球动力电池第一的宝座。根据 SNE Research 统计，宁德时代 2017—2021 年动力电池使用量连续五年排名全球第一。

另一家龙头企业比亚迪也凭借消费市场的成功获取资本市场的认可。6 月 10 日，比亚迪市值突破万亿大关，几乎比肩宁德时代，成为深市市值数一数二的上市公司。

比亚迪成立于 1995 年，最早涉足的业务是消费类电池和半导体元器件，2003 年正式进入汽车行业，并涉足新能源汽车。近些年，比亚迪打造王朝、海洋等系列的多款车型，在产业链波动中保持稳定生产，多次登顶国内新能源汽车月度销冠。

在每一条细分赛道中，都有一批高质量的上市公司逐浪潮头。燃油车时代的传统车企要在新环境下站稳脚跟，涌现出长城汽车、长安汽车等积极转型者；在关键资源锂矿方面，赣锋锂业、天齐锂业、华友钴业等公司布局全球掌握了资源自给的能力；构成动力电池的各种材料都是蕴藏潜力的市场，德方纳米、贝特瑞、天赐材料、恩捷股份等公司在各自的领域努力奋进。

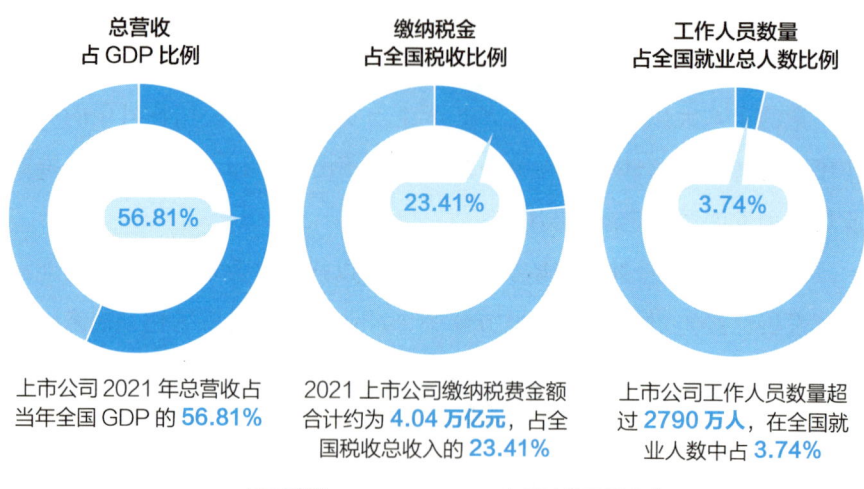

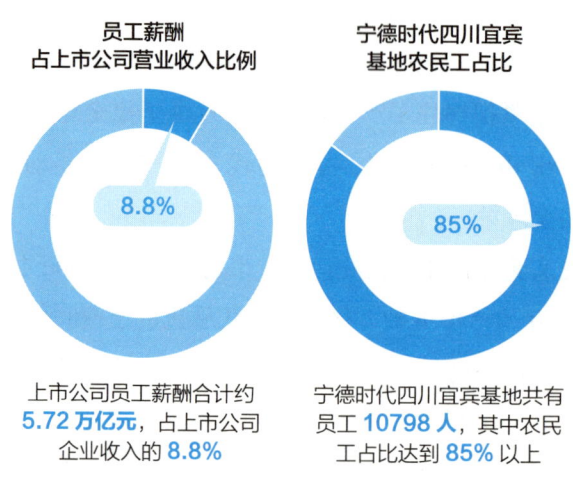

总营收
占 GDP 比例
56.81%
上市公司 2021 年总营收占当年全国 GDP 的 **56.81%**

缴纳税金
占全国税收比例
23.41%
2021 上市公司缴纳税费金额合计约为 **4.04 万亿元**，占全国税收总收入的 **23.41%**

工作人员数量
占全国就业总人数比例
3.74%
上市公司工作人员数量超过 **2790 万人**，在全国就业人数中占 **3.74%**

员工薪酬
占上市公司营业收入比例
8.8%
上市公司员工薪酬合计约 **5.72 万亿元**，占上市公司企业收入的 **8.8%**

宁德时代四川宜宾基地农民工占比
85%
宁德时代四川宜宾基地共有员工 **10798 人**，其中农民工占比达到 **85%** 以上

图 1　数说上市公司

资本市场热情拥抱这些弄潮儿。Wind 数据显示，上述公司在近 10 年或上市以来的市值基本都有数倍的增长，部分增幅甚至在 10 倍以上。宁德时代、比亚迪成长为万亿市值级别的上市公司，长城汽车、恩捷股

份、亿纬锂能、赣锋锂业等公司最新市值都达到千亿以上。

受益于绿色低碳大潮的带动，光伏行业最近两年也涌现了不少大公司。最新数据显示，隆基绿能总市值超过4600亿元，通威股份超过2500亿元，市值超过千亿元的光伏企业达到10家。与此同时，光伏企业盈利能力也显著提升。

头部光伏企业对整个产业链发展的带动作用不容忽视。这10年，中国企业主导了光伏从多晶向单晶的转换，能耗更低的颗粒硅技术由中国企业发扬光大，中国企业还在电池技术创新上不断刷新世界纪录。另一方面，在光伏主产业链的牵引下，中国的光伏设备、透明背板、光伏玻璃、低温银浆等辅材配套产业都取得了长足进步。

这10年，中国光伏产业实现了从"两头在外"到走向世界的跨越，中国企业为全球供应了最大规模的光伏产品，助力了全球的绿色进程；从主要厂商的出货情况看，海外市场大多占据了过半份额。企业也在加速全球化发展进程，晶澳科技在全球拥有12个生产基地，在海外设立了13个销售公司，销售服务网络遍布全球135个国家和地区。

近两年，中国推动产业发展的一个重要思路是强化"链主""链长"企业的引领作用。移动通信产业链较长，电信运营商在其中居于核心地位，从3G、4G到5G，既见证了移动通信网络规模的壮大，也见证了移动通信产业链上下游的蓬勃发展。

中国移动目前已建成全球规模最大的5G网络，大力推进与中国广电5G网络共建共享，累计开通5G基站超过85万个，占全球5G基站规模的1/3以上，将力争年底前累计开通5G基站超过110万个。中国电信与中国联通也制定了今年底实现百万5G基站规模商用的目标。

值得注意的是，移动通信技术是数字化发展的信息底座，正如4G催生了微信等移动互联网应用一样，5G正在为全社会的数字化发展加注动力。正如中国移动董事长杨杰所说，5G不是简单的"4G+1G"，而是更具革命性，呈现更高价值，能够为跨领域、全方位、多层次的产业深度融合提供基础设施，充分释放数字化应用对经济社会发展的放大、叠加、倍增作用。

» 引领技术自主创新

科技创新是公司生命力的来源，也是参与世界竞逐的必备武器。过去 10 年，上市公司研发投入力度不断加大，带动一大批新技术、新创造涌现，从跟跑到并跑再到超越，中国高科技产业全球话语权不断增强。

电池是新能源汽车的核心零部件，电池性能的提升尤其依赖化学体系的创新，这些创新就诞生于诸多中上游锂电材料企业数十年的深耕中。

在正极材料方面，德方纳米处在磷酸铁锂材料领域第一梯队。"液相法"生产工艺构成公司的核心竞争壁垒之一。公司还主导或参与了 22 项国际/国家标准的制定，其中《纳米磷酸铁锂》（GB／T 33822-2017）由公司主导起草和制定。

在传统石墨之后，硅基负极等新一代负极材料也走进产业视野。贝特瑞在该领域走在前列，公司已经完成新一代高容量硅碳及高首效硅氧产品开发，并取得客户认证。"研发投入并不能保证一定会实现突破，但不投入是肯定不会有突破。"贝特瑞对证券时报记者表示。

到了电池环节，电池厂商要做的不仅是材料体系革新，还要在结构体系上下功夫。例如宁德时代的 CTP 技术，具有高效集成的特点，是一种无须模组即可将电芯集成到电池包中的技术。这项技术已经开始向欧洲电动客车企业 Solaris、泰国 Arun Plus 等海外企业授权。

"近 10 年，电池能量密度提升了 3 倍，循环寿命也提升到了 16 年或 200 万公里，这些性能的改善极大地推动了新能源汽车的普及，同时帮助中国产业链获得核心优势，吸引更多海外投资。"宁德时代在接受证券时报记者采访时表示。

与新能源汽车产业一样，光伏产业同样被视作朝阳产业，当前，中国在光伏各产业链环节都占据了主导地位，中国光伏产品走向世界不再是一句空话。但可曾想过，10年前，中国的光伏产业还是"两头在外"，缺少自主技术、主要市场也在海外，只是依托劳动力的优势从事着价值较低的制造工序。

10年以来，中国的光伏产业发生了翻天覆地的变化，技术进步让中国企业能够站在产业价值链的顶端，技术进步也加速了中国可再生能源进入平价时代的步伐，让整个社会能够用上更清洁、更便宜的电力。

"天合光能将创新引领作为第一发展战略和核心驱动力量，搭建了全面领先的科创体系，在不断地研发突破中，持续推动光伏技术创新研究和产业化，以推动可再生能源发展为目标，助力清洁低碳、安全高效新型能源体系的加快构建，为引领光伏行业进步作出贡献。"天合光能相关负责人说。

这10年，也是移动通信技术快速发展的10年，更是中国从3G跟随、4G同步到5G全面赶超的10年。事实上，3G时代的一个剪影是，中国提出并主导了TD-SCDMA技术，这是国际电信联盟确定的3个3G标准之一，由此开始，中国在移动通信技术标准上的话语权显著提升。

6月初，在国际通信标准组织3GPP第96次全会上，5G R17标准宣布冻结，标志着5G第二个演进版本标准正式完成。本次会议上，国内通信企业共派出10名代表现场参会，中国通信企业积极融入国际标准制定，维护全球统一技术标准，发出了中国声音，展现了中国力量。

近日，在中宣部"中国这十年"主题发布会上，工信部介绍了党的十八大以来工业和信息化发展成就，得益于创新驱动发展战略的实施，重点领域创新迈上了一个大台阶。从深海的"奋斗者"号成功万米坐底，到蓝天的C919大型客机即将取证交付，再到升空的嫦娥探月、祝融探火、羲和逐日、北斗组网，一大批重大标志性创新成果引领中国制造业不断攀上新的高度。

装备制造领域技术进步一个重要推动力，来自国家对首台（套）重大技术装备研制和应用的支持。早在2018年，国家发改委等8部门就联合发布《关于促进首台（套）重大技术装备示范应用的意见》，希望以首台（套）示范应用为突破口，推动我国重大技术装备水平整体提升。在这一背景下，中国一重制造了首台（套）核电蒸汽发生器，中国船舶集团研发了国产首台（套）25兆瓦工业发电用燃气轮机装置，这些大国重器成为中国工业发展的脊梁。

制药领域也是科研成果创新的集聚地，党的十八大以来，我国生物医药产业得到了迅速发展，成为国家社会经济发展的"关键变量"之一。一项数据显示，我国对全球研发管线产品数量的贡献，已经由2015年的4%跃升至2020年的14%。

» 践行绿色低碳理念

在双碳目标的指引下，绿色发展道路已经成为公司发展的必由之路。新能源车、光伏、风电等产业本身具备绿色属性，为碳中和提供低碳交通工具、清洁能源等"基础设施"，更多公司则通过建设零碳工厂、推动生产资源循环等方式参与到减碳事业中来。

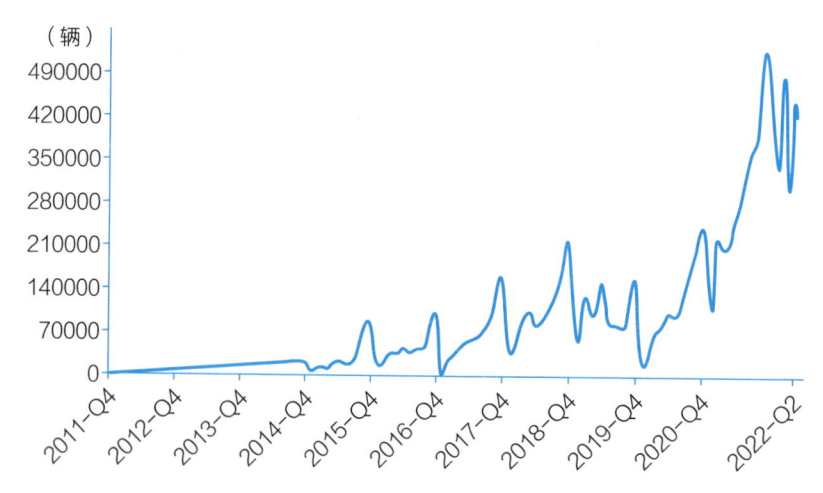

图2 2011年底以来国内新能源汽车月度销量

近两年，国内新能源车企陆续提出碳中和目标，甚至为告别燃油车定下明确时间表。同时，车企也向中上游供应商提出减碳要求。为此，贝特瑞、德方纳米等公司通过使用低能耗设备，优化生产工艺来降低单位产品能耗和碳排放量；贝特瑞还通过自建光伏发电站，新建工厂选址在水电资源丰富的四川、云南等地，加大绿电的使用力度。

与此类似，高效光伏组件产品不仅能够供应绿电，光伏制造商们也加大了对绿电的使用。数据显示，2021 年，位于晶澳科技生产基地的分布式电站约 28.55MW，年发绿电超过 2500 万 kwh；同时，公司曲靖基地位于云南省曲靖经开区，能够充分利用当地丰富的水资源。

不过，鲜为人知的是，光伏产品的制造过程需要消耗大量电力，并伴随排放。因此，光伏要真正地实现绿色低碳显然离不开制造过程的低碳化。记者注意到，欧美市场已经开始将碳足迹作为评价光伏产品的重要指标，甚至对于碳足迹低的产品能够接受一定程度的溢价。

近两年，部分高能耗行业企业跨界光伏的案例频频见诸报端。例如，2021 年，海螺水泥全国园区内新增 19 个光伏电站、3 个储能电站，去年末，公司光伏发电装机容量 200MW。预计到 2022 年底，光伏发电装机容量可达 1GW，年发电能力 10 亿度。除海螺水泥以外，中国建材、上峰水泥等水泥企业也着手在厂房屋顶建设光伏电站，生产经营使用清洁电力。

钢铁行业曾经是高能耗、高排放的代名词，不过，绿色低碳发展已经成为钢铁行业转型升级的主旋律。去年初，中国宝武宣布，力争 2023 年实现碳达峰，2035 年实现减碳 30%，2050 年实现碳中和；今年初，鞍钢集团也发布了低碳冶金路线图，目标包括 2025 年实现碳排放总量达峰，2035 年碳排放总量较峰值降低 30%，吨钢碳排放强度降低 30% 以上，类似的案例在钢铁行业还有很多。

作为移动通信网络的重要载体，从 3G、4G 到 5G，基站的数目越建越多，同时由于 5G 基站构建在较高的频段基础上，其能耗问题受到广泛关注：一不符合国家绿色低碳的政策导向，二也给电信运营商的运营成本带来很大压力。

存在类似问题的不仅是 5G 基站，新基建中的数据中心也是耗能大户，在如何发挥新型信息基础设施助推经济社会发展作用，又不影响绿色低碳发展大局方面，国内电信运营企业做了诸多探索。

例如，中国移动发布了"C2 三能——中国移动碳达峰碳中和行动计划"。中国移动表示，公司深化 5G 网络节能降耗，实现新增 5G 单站能耗同比下降 10%，单站节电近 30%。此外，通过 5G 网络共建共享，中国联通、中国电信累计节电 175 亿千瓦时，减少碳排放 600 万吨。

根据工信部的表态，围绕工业领域节能降碳和绿色转型，10 年来紧抓多项重点工作，其中包括实施绿色制造工程，加大绿色技术装备产品的供给，以及积极推进工业资源的循环利用。工信部表示，下一步，将启动实施工业领域碳达峰行动，大力推行绿色制造，坚决遏制高耗能高排放项目盲目发展，持续推动光伏、风电稳步发展，进一步壮大绿色消费。

表 1 新能源汽车板块市值超过千亿元的上市公司

证券代码	证券简称	2022 年 6 月 10 日市值（亿元）	10 年或上市以来市值增长	10 年以来营收增长
300750.SZ	宁德时代	10582.06	1245.60%	/
002594.SZ	比亚迪	9283.91	1900.05%	342.67%
601633.SH	长城汽车	2660.17	692.92%	353.33%
002812.SZ	恩捷股份	2062.36	4469.72%	631.94%
600104.SH	上汽集团	2050.45	31.52%	75.46%
300014.SZ	亿纬锂能	1831.38	6864.91%	3441.38%
002460.SZ	赣锋锂业	1785.58	5634.03%	2250.04%
300124.SZ	汇川技术	1713.85	1363.93%	1602.35%
002466.SZ	天齐锂业	1647.26	4058.02%	1802.84%
601238.SH	广汽集团	1392.23	167.51%	584.06%
603799.SH	华友钴业	1297.11	3427.85%	969.39%
000625.SZ	长安汽车	1045.25	528.31%	295.99%

» 主动担当社会责任

能力越大，责任越大。上市公司不仅是经济发展的"动力源"，也是履行社会责任的"先锋队"。通过创造就业、贡献税收、分享红利等方式，上市公司与社会发展形成良性互动，彰显国民经济支柱的责任担当。

上市公司在居民就业方面发挥着"稳定器"的作用。中国上市公司协会统计数据显示，2021 上市公司缴纳税费金额合计约为 4.04 万亿元，占全国税收总收入的 23.41%；上市公司工作人员数量超过 2790 万人，新增就业岗位 110.53 万个；员工薪酬合计约 5.72 万亿元，占上市公司营业收入的 8.8%。

部分上市公司生产基地设立在西南等地区，增强了当地的就业吸引力。宁德时代介绍，以四川宜宾基地为例，共有员工 10798 人，其中农民工占比达到 85% 以上。另有统计显示，70% 左右的农民工是从长三角和珠三角回流的云贵川外出务工人员，宜宾本地农民占比 30% 左右。

受宏观环境变化影响，近两年应届毕业生就业人数多，压力大。对此，比亚迪董事长王传福在股东大会上表示，公司原本计划今年招聘 1 万名毕业生，今年决定扩招为 2 万名。目前比亚迪员工人数已经达到 42 万人，今年底还将进一步扩张到 50 万人以上。

上市公司还成为投资者分享经济增长红利的重要渠道，分红力度不断提高。中国上市公司协会数据显示，2021 年发布现金分红预案的上市公司共 3170 家；现金分红预案总额超 1.5 万亿元，相比前两年分别同比增长 1.4%、13.6%；连续 10 年分红的上市公司占比也从 4% 提升至 32%。

此外，在乡村振兴、疫情防控、抢险救灾以及推动区域发展等方面，上市公司也发挥出示范作用。中国上市公司协会数据显示，2021 年共有 1916 家上市公司参与乡村振兴建设，投入资金合计约 177 亿元；累计超过 160 家次上市公司直接或间接参与新冠肺炎检测、治疗、特效药物研发及生产等相关工作，并通过积极捐款捐物，全力以赴保供应、保运转、保生产。

一些科技型企业在履行社会责任时充分融入了自身专业能力。例如，在落实乡村振兴战略部署方面，中国联通基于5G+平台基座能力，打造了数字乡村服务云平台，围绕乡村数字治理、乡村数字经济等6个重点方向开发了数十款应用，实现了数字乡村基层应用场景全覆盖。截至2021年底，中国联通数字乡村平台累计服务行政村超过15万个。

疫情防控方面，为落实国务院联防联控机制电视电话会议关于提升监测预警灵敏性，大城市建立"步行15分钟核酸采样圈"的要求，中国移动已面向17个省（区、市）的32个地市提供了5G便民核酸采集站标准化方案，并在新疆、上海、北京等9个省（区、市）落地。

对于通信行业而言，实现电信普遍服务、人人都能享受到数字化红利是其重要社会责任。工信部表示，10年来，我国历史性实现了行政村"村村通宽带"，中小学校通宽带比例从25%提高到100%，远程医疗覆盖所有的脱贫县。事实上，今年世界电信日也将目光聚焦到银发一族，呼吁帮助老年人搭建起跨越信息技术鸿沟的"数字桥"，共享数字化为生活带来的便利。

过去10年，中国经济总量持续增长，GDP在2021年突破100万亿元大关，经济社会发展的同时不仅关注"量"的增长，更关注"质"的提升。在这一过程中，A股最新总市值也达到了82.7万亿元，上市公司留下了浓墨重彩的一笔。

上市公司千帆竞逐，成长为国民经济增长的支柱力量，他们是社会构建中的重要有机组成部分，更是历史进程中不可忽视的重要注脚。展望下一个10年以及更长远的未来，千千万万的上市公司仍将深入参与中国经济社会的发展进步，随时代迸发出新的生机，乘风扬帆，逐浪潮头。

（证券时报记者毛可馨、刘灿邦，原载《证券时报》2022年6月28日A001、A004版）

陆　公司力量篇

做大高精尖产业军团
京津冀合奏深度协同交响乐

三地戮力同心，十年奋楫笃行。京津冀深度协同发展合奏乐章，在这片 22 万平方公里的北方热土越发响亮。

2014 年 2 月，习近平总书记主持召开座谈会，擘画京津冀协同发展宏伟蓝图。这一国家战略今年步入推进实施的第 9 年。期间，从交通路网到生态环境，从产业转型到公共服务，三地坚持优势互补、互利共赢、扎实推进，彼此间从散落的珍珠加速串联成一条"项链"，高质量发展画卷不断铺展，走出一条科学协同的发展之路。

三地携手前行之下，不仅高精尖产业军团持续做大，产业联动不断开花结果，而且自主创新明显提速，发展势能持续积蓄，助推京津冀协同发展迈向更高水平。

京津冀的经济和资本版图处于由大到强、由高速增长向高质量发展的嬗变中。"瓣瓣不同，却瓣瓣同心。"在共生共荣的沃土上，越来越多的企业主体播撒高质量发展的种子，绽放协同之花，酝酿创新之果，一个世界级的城市群画像加速浮现。

» **深度协同开启新天地**

京津冀相拥而生，地理上同靠燕山，共依渤海；历史上贾儒相通，文商交融。最近十年，三地关系随着京津冀协同发展战略的稳步推进变得更加紧密。

今年6月24日,京冀北运河旅游航道实现互联互通,伴随着船只鸣笛起航、飞鸟掠过水面,乘船进京来冀成为现实。

水路只是京津冀交通勾连的一维。十年来,作为城市发展输送人流、物流的重要通道,陆海空齐发力,京津冀立体交通网加速建成。其中既包括数十条连通铁路构建起的轨道交通,也包括津冀港口群,以及以大兴机场投运为标志的机场群。随着1小时交通圈基本形成,三地发展从空间上的一体化,逐步向时间上的同城化过渡。

交通基础设施的完善,三地迈向无缝连接。这为北京非首都功能疏解这个"牛鼻子"奠定基础。

东方破晓,首衡高碑店农副产品物流园人声鼎沸,8000余家商户开门纳客。这里是北京农批产业疏解的首个项目,辐射范围包括13个省市,去年交易额突破千亿元。一方面是"面向华北、辐射全国"的定位,另一方面是低于北京的运营成本,吸引了越来越多的京津商户二次创业。"香蕉大王""萝卜大王"等首批转移商户,早看晨曦,晚伴夕阳,不仅经营蒸蒸日上,而且都实现了在配套社区的置业扎根。

工业是疏解北京非核心功能的重要产业。如今的首钢总部,已经离开北京大本营来到唐山曹妃甸。留在北京的首钢滑雪大跳台,已经成为"双奥之城"北京的标志性奥运遗产。公司人士对记者介绍,10年来最让首钢人骄傲的是两个转型,一个是从"山"(北京西山)到"海"(渤海岸边),另一个是从"火"(钢铁熔炉)到"冰"(冬奥会场)。"公司不仅带动了北京生产性服务业的转移,另一方面通过与在冀企业合资建厂,与钢铁下游企业形成产业链,促进了地方经济社会的发展。"该人士表示。

近年来,总投资74亿元的沧州现代第四工厂、总投资42亿元的河北京车造车基地……都已经相继竣工投产,京津冀三地产业联动开花结果不断。截至2021年末,河北累计由京津转入的基本单位已超4万个。

光大银行金融分析师周茂华认为,京津冀协同发展,是新时期我国解决区域发展不平衡、不协调问题的成功实践。"在京津冀经济圈内，北京科技人才资源丰富，技术研发水平高；天津制造业基础雄厚，研发转化能力强；河北产业基础好，发展空间大。通过由点到带、由带扩面，最终向高质量协同迈进。"他说。

深度协同发展要想持续开启新天地，需要更好的营商环境适配。去年起，天津津南区政务服务办与北京市顺义、河北张家口等京冀区县合作，建立"异地受理、代收帮办、远程办理、协同联动"的服务模式，进一步提高三地政务办事效率，解决异地办事"两头跑"问题。北京城市副中心与廊坊签订政务服务框架协议，超过500项事项实现区域通办。

打破自家"一亩三分地"，协同下好一盘棋。京津冀协同发展向纵深推进，每一个重要阶段和关键环节，都不离不开中央的把脉定向。从成立京津冀协同发展领导小组加强统筹指导，到印发《京津冀协同发展规划纲要》描绘宏伟蓝图；从设立河北雄安新区作为"千年大计、国家大事"，到习近平总书记多次深入实地了解京津冀协同发展情况，京津冀协同发展持续稳扎稳打，谋定后动。

地缘相接、人缘相亲。随着京津冀三地政务服务改革不断深化，产业疏解持续推进，医疗教育等公共服务陆续打通，更多"融合红利"正在蓬勃释放。

» 做大高精尖产业军团

北京百公里外，天津滨海——中关村科技园企业办公区内，办公楼鳞次栉比，安静祥和，一场做大高精尖产业军团的竞赛却暗流涌动。

2019年1月，习近平总书记曾来到这里考察并作出重要指示："让有创新梦想的人能够心无旁骛、有信心又有激情地投入到创新事业中，中国的动能转换、高质量发展就一定能够实现。"

科技园受到北京中关村和天津滨海新区创新政策的双重加持，目前已吸引逾 3000 家企业注册，注册资本金超 1400 亿元。这里的负责人介绍，科技园主要围绕智能科技、生命大健康、新能源新材料、科技服务业，打造"3+1"产业体系。

打造面向未来的高精尖产业新体系，是京津冀三地奋进新征程的重要方向。以北京为例，未来五年，这里要巩固完善高精尖产业格局，积极发展先进制造业，培育更多独角兽和专精特新企业。同时还将再培育几个具有全球竞争力的万亿级产业集群，打造引领全球数字经济发展高地。

华兴证券总经理项威认为，与全国其他经济圈相比，京津冀地区经济发展具有自己的特点和优势。"许多新兴技术、硬科技企业的总部都在北京，这里创业氛围很好，交通便利，高校和科研院所密集，全国人才聚集于此，创新土壤肥沃。相对于长三角、珠三角等地的制造业优势，相比依赖土地、厂房、物流等要素的产业，这里对于芯片设计、大数据算法等人才更有吸引力。"

表 1　京津冀 A 股公司研发费用营收比前十强一览表

证券代码	证券简称	去年研发费用占营收比例	去年研发人员数量占比	所属地区
688197.SH	首药控股-U	1203.46	—	北京
688520.SH	神州细胞-U	545.16	49	北京
688256.SH	寒武纪-U	157.51	81	北京
688235.SH	百济神州-U	125.69	37	北京
688108.SH	赛诺医疗	76.63	26	天津
430047.BJ	诺思兰德	75.98	33	北京
688277.SH	天智航-U	70.37	35	北京
300204.SZ	舒泰神	62.04	36	北京
300799.SZ	左江科技	53.84	63	北京
301269.SZ	C华大九	52.57	—	北京

数据显示，截至 2021 年底，京津冀地区已经累计拥有国家级专精特新小巨人企业 589 家，占全国的 12% 以上。

高精尖产业军团陆续释放澎湃活力，资本市场加持应运而生。2021 年，北京证券交易所问世，进一步拓宽创新型中小企业直接融资渠道。自宣布设立之日起，北交所建设就按下快进键。仅仅 74 天便高效完成制度规则、主体设立、技术系统、市场培育、投资者开户等前期准备工作，数十项制度规则相继落地，首批 81 家上市公司集体亮相，多层次资本市场增添了一道新风景。

从近 300 天运行来看，市场整体运行平稳，发行审核工作稳步推进，后备上市企业资源充足，机构调研趋向频繁，公募基金参与投资热情走高。如今，北交所上市公司已经满百，京津冀公司家数为 16 家。随着观典防务的科创板上市，泰祥股份即将转至创业板，北交所与沪深交易所之间，通过转板这一关键性制度，正在实现优势互补，三大交易所连接更为紧密。

多层次资本市场体系加速完善并互联互通，京津冀地区的政策加持时有新招。去年底，北京发布科技创新型中小企业育英计划，入库企业可获得北京市会同全国股转系统、北交所为企业提供的挂牌、上市专项服务，加快推动科创小微企业对接资本市场。天津市金融局、天津证监局等单位则共建了北交所（新三板）天津资本市场服务基地，今年基地将完善工作协同机制，实现对进入"拟上市梯度培育企业库企业"的服务全覆盖。京津冀企业，尤其是专精特新企业，装上资本市场引擎，前进动力更加澎湃。

» 资本版图加速度扩张

京津冀三地走向深度协同，共谋产业升级，从资本市场也能看到明显映射。

北京超440家、河北超70家、天津超60家，共同构成了京津冀的A股版图。加上美团、京东、百度等海外上市公司，京津冀地区上市公司逼近千家。

在这个版图中，北京以独特的政治、经济和文化地位，执区域之牛耳。十年前，北京只有200家A股上市公司，近十年来，北京首发新股数量和规模多次问鼎全国首位，截至今年上半年，北京A股公司数量已超440家，总市值超20万亿元。尤其伴随着工商银行、中国人寿、中国神华、中国移动等国字头公司，以及三一重工、爱美客等民营头部公司的陆续上市，A股市场中的北京板块加速变大变强。

资本市场的"河北首创""河北智慧"也不断涌现。从产业地位来看，长城汽车、晶澳科技等龙头公司总部都扎根在燕赵之地。近些年来，河北公司在资本运作方面动作频频：财达证券首发上市，成为全省首家上市的地方金融类企业；存量重组、增量优化和动能转化不断深化，河北宣工、金隅水泥等实现了以产业资源整合为目标的并购重组，常山纺织、老白干酒也陆续实现了国有企业市场化混合所有制改革。用好资本市场，建设经济强省，河北正在奋力走好新时代赶考路。

比增量更重要的是提质。《国务院关于进一步提高上市公司质量的意见》下发后，京津冀都把提高上市公司质量作为工作的重中之重，结合辖区实际进行部署。

"立足提升存量，着眼优化增量"是河北证监系统的重要策略。近些年来，河北坚持信息披露监管和公司治理监管双轮驱动，开展上市公司治理专项行动，打好"清欠解保"攻坚战，推动辖区上市公司质量提升，拉动河北经济增长。以2020年为例，河北全年开展现场检查120家次，采取行政处罚4件、行政监管措施17件，净化辖区资本市场环境。

经济是肌体，金融是血脉，两者共生共荣。近年来，《河北省推动企业股改上市融资三年行动计划》《天津资本市场稳住经济的一揽子工作措施》《北京关于对科技创新企业给予全链条金融支持的若干措施》等制度接连出炉，错位发展、协同互补的资本市场体系加速成型，未来资本市场对于京津冀经济发展的加持作用会更加凸显。

» 以创新积蓄发展势能

最近十年，是京津冀区域经济总量增速最快的十年。2021 年京津冀地区生产总值合计 9.6 万亿元，京冀均突破 4 万亿元，再次迈上新台阶。

不过总量规模已经不再是京津冀追求的唯一目标。

北距天安门 60 公里、南距雄安新区 30 公里处的河北涿州，致力于打造京津冀协同发展的桥头堡。去年这里与中国农大先后签订保定市——中国农大科技创新合作协议，涿州市与中国农大涿州教学实验场共建"种子赛道"项目，致力于打造集农业科技大成的农业科技战略高地，共建具有重大影响力的"种业硅谷"，绘就现代农业科技画卷。

一年间，这里的"天蓬工程"——模式动物表型与遗传研究国家重大科技基础设施项目建设安装工程部分进入收尾，随着科研仪器设备陆续到位，预计今年四季度试运行，作为生命科学领域的大科学装置——猪设施，将是全球首个对猪表型与遗传进行全尺度多维度研究的世界一流设施。同时，若干国家和省部级创新平台加快布局落地，围绕解决猪育种与饲料标准创制创新的农业农村部饲料工业试验基地近期完成竣工典礼与投产仪式，助力于种业翻身仗的中国农大作物分子育种创新中心建设也如火如荼进行中。

农业之外还有新基建。京津冀大数据综合试验区 2016 年启动建设，这是国家发改委等部门批复的七个国家大数据综合试验区名单中唯一一个跨省市综合试验区。根据建设方案，三地将打造以北京为创新核心、天津为综合支撑、河北做承接转化的大数据产业一体化格局，并推动三地在交通、环保、旅游、创新创业等领域的大数据创新应用示范与民生应用。据悉，目前试验区建设成效显现，已有数百家关联企业落地聚集。

这些都是京津冀携手创新的缩影。在这个总人口超过亿人的沃土上，无论是在"长坡厚雪"的网络安全赛道不断攀爬的奇安信，还是在医用PEG领域参与国际竞争的键凯科技，无数群体依靠十数年的积累，用持续性创新避免在各自领域被国外卡住脖子。根据《全国科技创新百强指数报告2022》，北京市共计入围企业、高校、研究机构147家，入围数量居全国第一。

京津冀三地对于创新的政策加持持续提速。仅今年7月以来，就有北京市金融监管局、市科委等6部门联合发布28项举措，加大对科技创新企业的创业投资、银行信贷、上市融资等多方式全链条金融支持力度，支撑北京国际科技创新中心建设。天津财政局也会同相关部门印发了《关于改革完善本市财政科研经费管理的若干措施》，进一步赋予科研人员更大的自主权，增强科研人员获得感，激发科研创新创造活力。

河北科技大学教授黄贺林撰文指出，未来可以以构建京津冀协同创新共同体为主线，在优化产业结构、强化平台支撑、完善服务体系、创新体制机制等方面聚力攻坚，加快完善京津研发、河北转化的创新体系，促进京津创新链与河北产业链深度融合。

十载耕耘见证成就，继往开来谱写新篇。协同发展成局，高精尖产业成势，以创新基因积蓄发展新势能，京津冀这个合计高达9.6万亿生产总值的世界级城市群，波澜壮阔的发展长卷会愈发色彩斑斓，也会更加深刻地改变国家区域发展版图，为新时代高质量发展提供强力支撑。

（证券时报记者王小伟，原载《证券时报》2022年8月4日A001、A004版）

07

机构方阵篇

柒 机构方阵篇

与新时代同频共振 证券业强筋健骨上台阶

"要建设一个规范、透明、开放、有活力、有韧性的资本市场。"这是习近平总书记对新时代中国资本市场的殷殷嘱托。

有活力、有韧性的资本市场离不开强大金融机构的支撑，离不开包含证券公司在内的中介机构发挥好关键把关人的作用。党的十八大以来，中国证券行业紧紧围绕资本市场服务实体经济这一重大使命，担当作为，强筋健骨，积极探索从传统通道服务商向现代投资银行、从传统交易平台提供商向现代财富管理机构的转型之路。

当下，全球百年变局加速演变，给各大经济体带来新的挑战，也孕育着新的机遇。奋进新征程，中国证券业紧扣新时代金融核心任务，持续深化改革开放，坚持"四个敬畏"，努力实现行业与国家高质量发展的同频共振。

» 规范发展做大做强

如果说2004年"综合治理"奠定中国证券行业由乱到治、规范发展的基石，那么，2014年，监管层大力鼓励证券公司IPO上市、加速补充资本金，对行业加快发展、提升质量则起到了至关重要的推动作用。

这一年秋天，中国证监会鼓励符合条件的证券公司IPO上市，取消额外审慎性要求，并简化有关程序，全行业为之振奋。此次"松绑"意味着证券公司在IPO时能享受与其他行业一样的平等待遇。

证券公司上市潮由此开启。数据显示，2015—2021年期间，成功登陆资本市场的证券公司共有22家，占到所有A股上市证券公司数量的54%。

监管层鼓励证券公司尽可能采取一切可行手段加速补充资本金，为券商后来发展及成长起到关键作用，提升了行业抵御风险的能力，拓展了业务的广度和深度。十年来，国内证券公司多渠道密集"补充弹药"，收益凭证发行量大增，发债规模持续井喷……

东方证券董事长金文忠在接受证券时报记者采访时表示，资本补充对于证券公司扩大业务规模，提升竞争实力，具有重要意义，奠定了未来多年的发展基础。

如果说补充资本金、提高内生增长动能，为券商做大做强提供了充足的"粮草"，那么，并购重组则加速了行业洗牌和版图重构。

过去十年，证券行业头部效应逐步增强，加上"扶优限劣"的监管政策引导，中国证券业掀起一波并购潮。2015年，申银万国与宏源证券合并，成为中国证券史上规模最大的券业并购案；2017年，中金公司收购中投证券。期间，还有多家券商已完成或正在酝酿并购重组。

十年来，中国证券业体量迈上新台阶。中国证券业协会数据显示，截至2021年末，证券业总资产规模达到10.59万亿元，十年间增长了近6倍；净资本去年迈入2万亿大关，增加三倍多；2021年全行业实现营业收入超5000亿元，增长近3倍，净利润超过1900亿元，增长近4倍。

中信证券成为行业首家总资产过万亿的券商。这家注册地放在改革开放前沿深圳的券商，利用资本市场不断提升自身资本实力。以股权融资为例，公司近十年通过A股融资逾百亿，配股募资逾200亿。2011年，中信证券实现H股上市，成为中国首家"A+H"股上市的证券公司，IPO募资超过百亿港元，4年后H股定增270亿港元。

同时，中信证券通过不断并购重组将业务触角延伸至更广阔领域。

继 2010 年前收购万通证券、金通证券、华夏基金后，中信证券 2013 年完成对里昂证券的收购，快速推进国际化战略；2018 年发起收购广州证券，打开华南空间。

2021 年末，中信证券总资产首次跨过万亿门槛，达到 1.28 万亿元；净利润率先突破 200 亿元，成为国内实力最强、有能力与全球海外大行同台竞技的行业翘楚。

表 1　2012—2021 年证券公司主要财务数据变化

年份	2012年	2013年	2014年	2015年	2016年	2017年	2018年	2019年	2020年	2021年
总资产（万亿元）	1.72	2.08	4.09	6.42	5.79	6.14	6.26	7.26	8.90	10.59
净资产（万亿元）	0.69	0.75	0.92	1.45	1.64	1.85	1.89	2.02	2.31	2.57
净资产（万亿元）	0.50	0.52	0.68	1.25	1.47	1.58	1.57	1.62	1.82	2.00
营业收入（亿元）	1294.71	1592.41	2602.84	5751.55	3279.94	3113.28	2662.87	3604.83	4484.79	5024.10
净利润（亿元）	329.30	440.21	965.54	2447.63	1234.45	1129.95	666.20	1230.95	1575.34	1911.19

数据来源：中国证券业协会 Wind

值得一提的是，除了类似中信证券这样的大型券商，一些区域中小券商也在向现代投资银行目标迈进，比如财通证券经纪有限责任公司、万联证券经纪有限责任公司等，已全部从单一牌照的证券公司脱胎换骨成为在细分领域颇有竞争力的全牌照券商。

经过多年努力，证券行业高质量发展已取得良好开端。证监会主席易会满曾表示，证券行业要想实现高质量发展，必须坚持专业化发展道路，在"特色、强项、专长、精品"方面多下功夫。只有突出专业能力、专业特色、专业优势，注重培养具备专业主义精神的人才队伍，才能行稳致远，逐步积累声誉资本，赢得客户和社会信任，为高质量发展拓展更广阔的空间。

» 推动直接融资

证券公司不仅是中国资本市场的建设者，更是上市公司直接融资过程中的关键把关人。迈向新征程，证券业更需肩负起新责任新使命，为中国经济高质量发展贡献力量。

Wind 数据显示，近十年来，证券公司股权、债券承销规模（境内部分）分别由 2011 年的 7145 亿元、2.6 万亿元增至 2021 年的 1.8 万亿元、18.9 万亿元。十年间累计帮助各类企业完成股权融资超 14 万亿元、债券融资近 105 万亿元。积极响应国家创新驱动等各类发展战略，证券公司 2021 年为科技创新企业实现股权融资 6262 亿元。

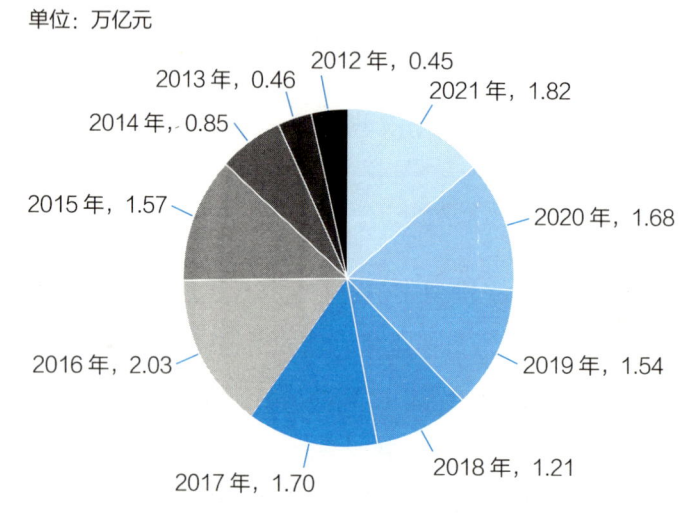

单位：万亿元

- 2012 年，0.45
- 2013 年，0.46
- 2014 年，0.85
- 2015 年，1.57
- 2016 年，2.03
- 2017 年，1.70
- 2018 年，1.21
- 2019 年，1.54
- 2020 年，1.68
- 2021 年，1.82

图 1　证券公司过去十年股权融资规模

2022 年 8 月 11 日，首例北交所转创业板公司泰祥股份在深市挂牌上市，迈出了发展壮大的新步子。2015年，位于湖北十堰的泰祥股份挂牌新三板，2020年进入精选层，2021年平移北交所，2022年"进军"创业板。如今，泰祥股份已是汽车零部件细分领域的隐形冠军。这家专精特新"小巨人"充分利用资本市场谋发展，背后一路陪跑的就是证券公司。

除了把企业送上市，上市以后，还要送一程。企业上市后碰到新的问题，证券公司要随时做好纾困解难服务，为企业化解"痛点"。比如，2018年，为纾解民营上市公司股票质押流动性问题，证券公司普遍设立纾困资管计划，在资产端、债权端和股权端等为民企提供融资支援，取得了良好的效果。

2020年，突如其来的新冠肺炎疫情，加大了企业的经营压力。为支持受疫情影响严重地区和行业加快恢复发展，证券公司再次挺身而出，加快推进纾困基金投资进度，协助企业发行纾困专项债、疫情防控债等，帮助企业渡过难关，增强了实体经济的韧性。

当前，随着经济结构调整加速，盘活存量资产的重要性日益凸显，证券公司通过开拓ABS业务，为实体经济引入新的活水。Wind数据显示，过去十年，沪深交易所资产支持证券发行规模累计达到6.64万亿元。

把握时代脉搏，引领重大行业改革，证券公司持续贡献力量。比如2015年南北车重组为中国中车，2018年万华化学吸收合并万华化工，打造"一带一路"沿线国内企业在中东欧地区的最大规模跨境并购项目，处处都有证券公司的身影。

» 守护居民财富

除了为企业提供投融资服务，证券公司也是资本市场重要的机构投资者，承载着千万家庭的理财需求，努力提升投资者的获得感，践行企业发展与社会责任的统一。

某证券公司人士接受采访时表示，为实体经济服务是金融的天职和宗旨，创新直达实体经济的金融产品和服务、创新更多适应家庭财富管理需求的金融产品，是助力形成强大国内市场和实现共同富裕的责任担当。

兼具资产管理和财富管理身份的证券公司，过去十年持续推动刀刃向内的自我变革。一方面资产管理板块改变传统通道的业务依赖，增加净值化产品供给；另一方面证券经纪业务摆脱证券交易佣金束缚，由收取手续费向为居民提供增值服务转变。

作为金融产品设计的上游，券商资产管理行业紧跟监管部门的政策导向，主动迎接变革，根据客户的需求创设出既有市场、又符合监管要求的金融产品。中国证券投资基金业协会数据显示，2022年6月末，证券行业以主动管理为代表的集合资管计划存续规模已经达到7.35万亿元，相比2013年的3569亿元存续规模，大幅增长近20倍。

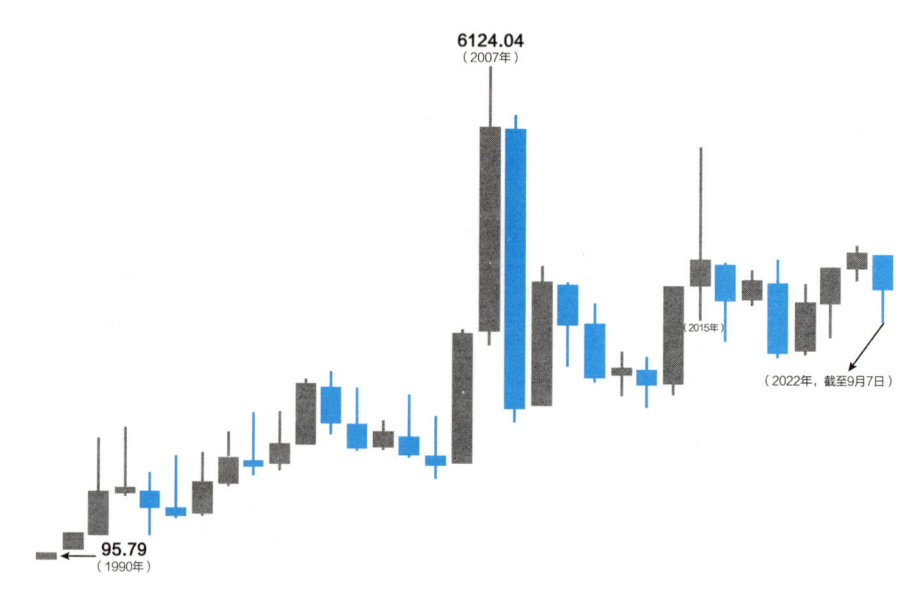

图2 上证指数历年年K线

东方红资产管理公司坚持提升主动管理核心竞争力,成为证券资管行业中主动管理的标杆。2013 年该公司获得公募基金管理人资格,2014 年末受托资产管理规模为 350 亿元,2021 年受托规模已超过 3600 亿元。其成功经验可以用一句话来概括,就是"持续走以基本面研究为基础的价值投资之路"。用该公司一名创始人的话来说,就是不惧怕周期,对自我有清晰的认知,围绕"客户利益至上"的理念,始终坚持在正确的道路上做正确的事情。

作为销售金融产品和服务的下游,证券公司的经纪业务在过去十年中主动突破传统的同质化通道,不断提升自身专业水平,真正开始站在客户需求和利益角度提供服务。

值得一提的是,从 2018 年起,券商基金产品代销业务迅猛崛起,至 2021 年底券商代理销售金融产品净收入突破 200 亿元大关。目前,我国基金投资者账户数量超过 7.2 亿,相比十年前的 4000 万已然壮大了不止一个量级;全市场公募基金总数量过万只,总规模约 27 万亿元。

中国证券业正迈入财富管理转型关键期。银河证券、国联证券等 7 家证券公司成为首批基金投顾业务试点,标志着证券行业正从以产品销售为导向的卖方投顾模式向以客户需求为导向的买方投顾模式转变。

"以前我们荐股,容易没朋友,一是因为提佣,二是因为市场环境变动大,我们对股票不易看得准。自从转向买方思维,我们可以通过推荐组合方案,尽量帮助客户抵挡周期,真正站在客户角度考虑。这是可持续发展的路径,是我们内心非常认可的模式。"深圳一家大型券商某营业部总经理表示。

换言之,买方投顾让证券行业在经纪业务领域中进一步将企业利益和投资者利益进行拟合,让券商有了更直接有效的路径来帮助投资者实现资产的保值增值。

财富管理业务模式的转变,在获得更多投资者的同时,也带动着从业者结构甚至券商业务模式的改变。2021 年末,投资者数量已跃升至近

2亿人；我国居民金融资产中股票、基金等风险资产的占比，也由2011年的11%增至2019年的19%。与此对应，中国证券业投资顾问人员数量突破7万人大关，专业的投顾人员以及成体系的投研能力，已经成为券商财富管理的核心优势。

另一方面，以佣金收入为主要来源的证券经纪人数量持续下滑，如今跌破5万人。曾经以证券经纪人规模著称的大型券商——国信证券，2021年全公司证券经纪人数量清零，标志着证券行业经纪人黄金时代已落幕。

» 承担社会责任

"国之大者"，心系"民之小处"。除了服务企业等实体经济、充当居民财富的忠实守护者，为社会发展提供更高质量、更有效率的金融服务，也是证券公司履行金融报国使命的应有之义。

证券业有关人士曾公开表示，在高质量发展中服务国家战略，是行业机构成长进步的必由之路，也是行业机构理应担当的社会责任。作为社会主义市场经济的重要参与者、推动者与受益者，证券行业积极投身脱贫攻坚工作，推动社会减贫，是义不容辞的社会责任。

据了解，自中国证券业协会2016年发起"一司一县"结对帮扶倡议以来，证券行业踊跃助力乡村振兴。数据显示，截至2021年，有61家证券公司参与乡村振兴公益行动计划，该计划承诺投入金额3.4亿元，结对帮扶脱贫县数量323个，中国证券行业公益性支出9.1亿元。

2017年，内蒙古莫旗特色农产品菇娘果被证券公司视为产业扶贫的重点，如今不仅产业发展欣欣向荣，当地农民生活也借此得到了极大改善。对口券商在当地发力推动产业链标准化建设，引入互联网销售渠道，同时重塑品牌，以达到扶贫由"输血"向"造血"的转变。随着菇娘果的名气大增，当地低保户的就业解决了，村民们的腰包鼓起来了，现如

柒　机构方阵篇

今贫困户也都摘掉了"穷帽子"。

近年来，证券公司还充分利用资本市场助力乡村振兴，承销发行乡村振兴/扶贫债券的规模达到180亿元，服务涉农企业债券融资规模为431亿元。证券业服务脱贫县企业IPO10家，融资70.45亿元；服务脱贫县企在新三板挂牌6家，通过股票增发、债券融资等其他方式服务脱贫县企业直接融资609.07亿元。

随着"双碳"目标的提出，证券公司还积极发力绿色金融，助力产业技术升级、区域经济绿色转型。数据显示，2021年证券业承销发行绿色公司债券（含ABS）金额1376亿元，同比增长52%。

证券业人士普遍认为，证券公司作为金融机构体系的重要组成部分，要利用多层次资本市场引导社会资源流向，从绿色投资、绿色融资两个方向来推动绿色经济的发展。

过去十年，中国证券业充分发挥专业优势，通过综合金融服务践行可持续发展理念，搭建中外企业与境内外资本市场合作桥梁，增强资本市场服务实体经济的能力，为我国经济社会发展作出了重要贡献。

（证券时报记者谭楚丹、孙翔峰，原载《证券时报》2022年9月13日A001版、A004版）

奔向繁荣：资本市场这十年

当好资本市场"稳定器"
保险业助力完善社保体系

躬逢其盛，与有荣焉。

党的十八大以来，我国金融业发展取得举世瞩目的成就，作为其中重要的组成部分，中国保险业从高增长迈向高质量的发展新阶段，连续五年保持全球第二大保险市场地位。

十年间，保险行业广泛深入到社会经济生活各领域。截至2021年底，大病保险制度已覆盖12.2亿城乡居民，长期护理保险覆盖近1.5亿人，农业保险为农户提供风险保障达4.7万亿元……

十年间，我国保险业市场主体不断丰富，发展水平持续提升。与此同时，保险机构继续探索借力资本市场，险资与资本市场稳步迈入良性互动期。

十年间，保险资金投资股票和证券基金的余额从2500多亿元增至接近3万亿元。近五年，保险资金投资于股票和证券投资基金的比例始终保持在12%—14%的水平。

"治国有常，而利民为本。"习近平总书记曾在讲话中引用《淮南子·氾论训》典故，阐述以人民为中心的发展思想。在《促进我国社会保障事业高质量发展、可持续发展》一文中，习近平总书记强调要科学谋划"十四五"乃至更长时期社会保障事业。

作为经济"减震器"和社会"稳定器"，中国保险业从服务社会经济发展、强化社会保障服务能力的战略高度出发，以完善多层次社会保障体系、拓宽保险服务领域、完善民生福祉为目标，不断尝试与创新，竭力为下一个十年积蓄新动能。

» 当之无愧"保险大国"

时光荏苒，十年兼程。

十年间，中国保险业发展格局实现质和量双重突破。从保费规模来看，中国保险市场保费收入从 2012 年的 1.5 万亿，增长至 2021 年的 4.49 万亿，十年复合增长率为 11%；从资产规模来看，中国保险业总资产从 2012 年底的 7.4 万亿，增加至 2021 年底的 24.9 万亿，累计增加约 17.5 万亿；从理赔支出来看，中国保险业理赔支出从 2012 年的 4716.32 亿元，增长至 2021 年的 1.56 万亿元，十年复合增长率超 13%。

保险深度和保险密度，也在这十年间迅速攀升。其中，保险深度（保费收入占 GDP 的比例）从 2.98% 上升至 3.93%，保险密度（人均保费收入）从平均每人 1144 元上升到 3179 元，十年增长了近 1.78 倍。

自 2017 年以来，中国保险业已连续五年保持全球第二大保险市场地位。自 2020 年以来，我国已连续两年保持全球农险保费收入第一大国的地位。

市场主体也在行业高速发展的背景之中不断丰富。据证券时报记者不完全统计，保险法人机构从 2012 年的 145 家，增至 2021 年的 239 家，新增约 94 家机构。其中，新增财险公司 31 家、寿险 32 家，包括自保、相互、互联网等新型主体。

保险业改革开放呈现新局面。2021 年，在华外资保险公司资本十年间增长 1.3 倍，资产增长 6 倍。一大批专业性银行业保险业机构积极参与中国金融市场发展。

在行业整体快速发展的同时，保险行业作为经济"减震器"和社会"稳定器"，在多个领域发挥着无可比拟的作用。过去十年，大病保险制度从 2012 年建立以来已覆盖 12.2 亿城乡居民，长期护理保险覆盖近 1.5 亿人，农业保险为农户提供风险保障从 2012 年的 0.9 万亿元增长至 2021 年的 4.7 万亿元，为灾后重建提供了关键资金保障。

面对人口老龄化的挑战，保险业作为重要的风险管理工具，在深化社会保障制度改革的进程中具有不可替代的专业价值。

在《促进我国社会保障事业高质量发展、可持续发展》这篇重要文章中，习近平总书记从多个方面阐明深化社会保障制度改革的基本原则和实践要求。其中明确，要加快发展多层次、多支柱养老保险体系，健全基本养老、基本医疗保险筹资和待遇调整机制，扩大年金制度覆盖范围，规范发展第三支柱养老保险，积极发展商业医疗保险，更好满足人民群众多样化需求。

近年来，为进一步发展多层次养老保障体系，相关政策组合拳接连推出，第三支柱建设正步入快车道。2018 年，我国开启了税延型养老保险的尝试；2021 年，专属商业养老保险试点启动；2022 年，第三支柱养老保险改革试点取得重大进展，专属商业养老保险试点范围扩大至全国。同时，酝酿多年的个人养老金制度正式出炉，既标志着我国多层次、多支柱养老保险体系步入全面发展完善的新阶段，也为资本市场服务养老事业开启了全新篇章。

» 发展插上"资本"翅膀

过去十年，也是保险机构继续探索借力资本市场的十年。

21 世纪初十年，国有保险公司为主的头部险企曾借助在香港、海外以及内地上市，而实现公司治理升级、市场化经营。中国财险（人保财险）、中国人寿、中国平安、中国太保，都是在这个时期内完成一地或多地上市。新华保险稍晚，于 2011 年 12 月实现 A+H 同步上市。

表 1　放宽保险资金参与市场进程表

2021 年	明确保险资金可以依法合规投资北交所上市股票，明确保险资金参与投资公募 RFITs 事项
2019 年	放开保险资金参与科创板投资
2017 年	支持保险资金参与"深港通"试点
2016 年	支持保险资金参与"沪港通"试点
2014 年	放开保险资金参与创业板投资和优先股投资

数据来源：银保监会官网

近十年来，国内保险公司上市进度放缓，但仍有突破性上市事件。期间，险企上市大部分集中在港股，包括中国人民保险集团（中国人保）2012 年 12 月在港股上市、中国再保险于 2015 年 10 月在港股上市、众安在线 2017 年 9 月在香港上市。

值得一提的是，被誉为"保险科技第一股"的众安在线，成立不足 4 年便以先锋之姿登陆 H 股，此后业务快速发展，同时打开了国际化棋局。

A 股市场上，十年间仅新增一只保险股，即中国人保"回 A"，这家以财险为主的保险股，进一步丰富了市场投资者的选择。此后，中国太保 2020 年 6 月 17 日在伦敦证券交易所发行 GDR，首家实现"沪港伦"三地上市。

从保险领域看，不仅上市险企获益于资本市场，一批保险科技创新型企业也借此插上"资本的翅膀"，极大振奋国内互联网保险的发展。

十年间，有过上市规划或提出上市想法的险企更不在少数，比如泰康保险、华泰保险、合众保险、中华保险……据不完全统计，多达十数家。尽管这些险企的上市征程均由种种原因搁浅或终止，行业对此仍保持开放心态。目前，国元农险、阳光保险已提出上市申请。不远的将来，上市险企或迎来新成员。

» 与资本市场良性互动

树高千尺有根，水流万里有源。资本市场的发展，由各参与方共同推动，保险资金也是一大中坚力量。十年来，险资持续为市场输入源头活水，两者进入良性互动期。

"保险资金积极参与资本市场的发展，并起到了稳定市场的作用。"中国保险资产管理业协会执行副会长兼秘书长曹德云表示。

1980年中国保险业复业，1984年保险资金投资大门正式开启。此后15年，险资投资以银行存款和债券为主。1999—2012年，保险资金权益投资步入探索起步和分类发展阶段。

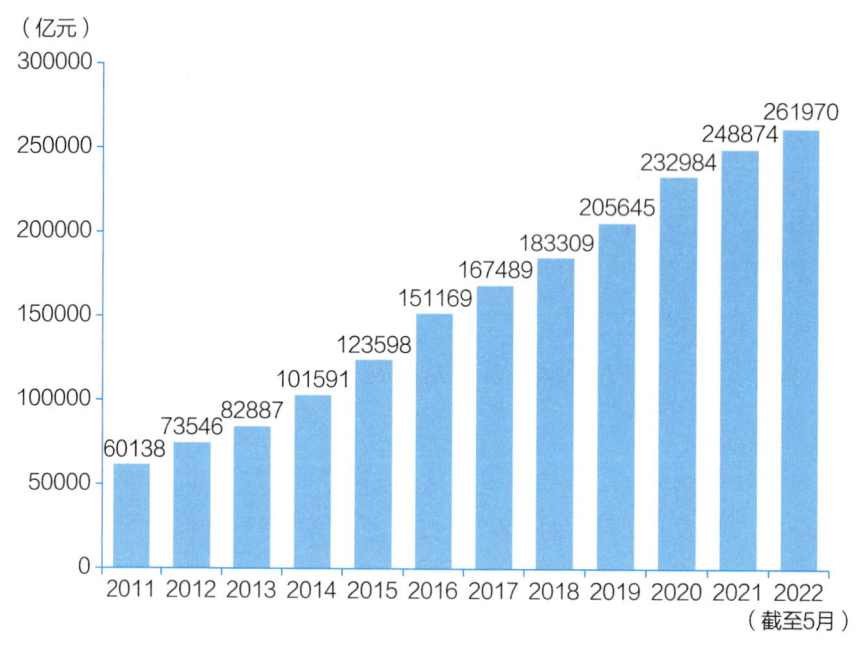

（亿元）

年份	总资产
2011	60138
2012	73546
2013	82887
2014	101591
2015	123598
2016	151169
2017	167489
2018	183309
2019	205645
2020	232984
2021	248874
2022（截至5月）	261970

图1 保险业近十年总资产变化

数据来源：银保监会官网

"2012—2022年是保险资金经历了改革创新，并持续规范全面发展的十年。"曹德云回顾。

一方面，陆续放宽保险资金参与市场。2014年，放开保险资金参与创业板投资和优先股投资，2016年支持保险资金参与"沪港通"试点，2017年支持保险资金参与"深港通"试点，2019年放开保险资金参与科创板投资，2021年明确保险资金可以依法合规投资北交所上市股票，明确保险资金参与投资公开募集基础设施证券投资基金（公募REITs）事项……

另一方面，改革监管方式，给予保险机构更大的投资自主决策权，压实主体责任。2020年，《关于优化保险公司权益类资产配置监管有关事项的通知》出台，支持偿付能力充足、财务状况良好、风险承担能力较强的保险公司适度提高权益类资产的配置比例，权益最高投资比例可达45%；同年，《关于优化保险机构投资管理能力监管有关事项的通知》出台，将投资管理能力备案制调整为保险公司自评估、信息披露和持续监管相结合。

"这些政策的相继推出，给保险资金权益投资带来了新的发展活力。"曹德云说。

同时，中国资本市场的快速发展也为险资运作搭建了广阔的舞台。人保资产相关负责人感慨，近年来，资本市场发生深刻变化，有活力的多层次资本市场正在形成。在海外市场波动加剧的背景下，中国A股市场的比较优势配置价值将进一步凸显。

十年间，保险资金投资股票和证券基金的余额从2500多亿元增加至当前的近3万亿元，实现超过10倍的大发展。近五年，保险资金投资于股票和证券投资基金余额占保险资金运用余额的比例始终保持在12%—14%的水平。保险资金参与投资的领域从主板延展至中小板，再延展至科创板和新设的北交所股票，股权投资、公募REITs投资等也全面参与。

险资机构对于政策改革的积极效果已有切身感受。泰康资产总经理助理、退休金业务首席投资官严志勇表示，泰康资产作为直接的管理者，很明显地感受到，可选标的范围的不断扩大，让资产配置和组合构建更方便，更有效率，"应该说，这一系列的改革是成功的、有效的。"

参与资本市场投资，对保险资金亦有现实红利。最直接的是，权益投资为保险机构贡献了主要收益来源，成为"关键少数"。

过去十年来，得益于中国经济持续增长及自身稳健的投资风格，保险资金运用取得了良好的成效。全行业历年投资收益率均为正，平均收益率水平高于负债端预定成本。即使在2018年A股熊市的情况下，全行业投资收益率也达到4.3%。

投资业绩好，对于保险公司来说至关重要。"一是支持保险公司财务稳健。保险市场竞争日益加剧，费差、死差收窄，长期稳定的投资收益成为获取利差收益、保持保险行业持续经营和财务稳健的重要力量。二是改善偿付能力。长期稳定的投资收益壮大了保险业资本实力，缓解了行业流动性压力，对保险业有效化解风险、产品创新、调整转型起到重要支撑作用。三是提升保险产品竞争力。长期稳定的投资收益为保险产品在功能设计、精算定价、风险保障甚至销售竞争等方面提供基础性支持。"光大永明资产相关负责人总结。

"资本市场的信息高度公开，流动性好，选择面宽，始终都是保险资金最主要的投资方向。"严志勇说，资本市场的发展，为保险资金保值增值起到了极其重要的作用。反射到产品端，良好的收益率将大力提升保险产品的吸引力，提升品牌效应，有利于保险资产管理机构稳健发展。

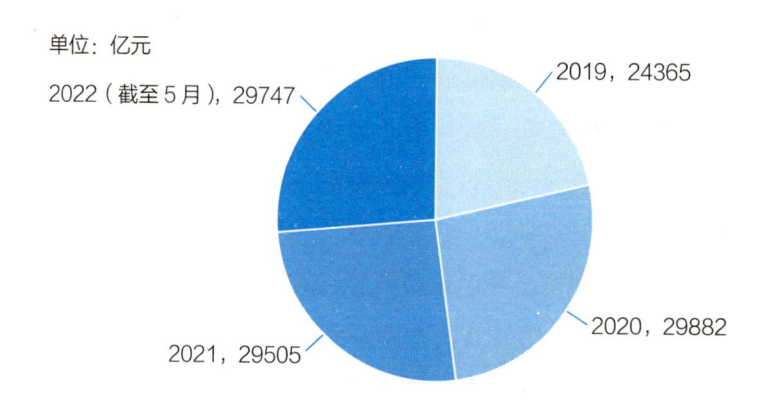

单位：亿元
2022（截至5月），29747
2019，24365
2021，29505
2020，29882

图2 保险业近十年投向股票和证券投资基金余额变化（单位：亿元）

数据来源：银保监会官网

》 资本市场"稳定器"

"资本市场的发展,一是需要有长期稳定的资金来源,二是要有健康的机构投资者,众多的机构投资者。"曹德云说,保险机构作为第二大机构投资者,对于资本市场的稳定发展具有重要作用。

保险资金成本相对低廉,久期长,可以逆周期投资,接受短期可能承受的浮亏,有利于资本市场对长线资金的需求,平滑市场极端不理性投资行为。在历次市场波动中,均可见险资的"逆势而行",这也是险资机构践行价值投资、长期投资理念的最佳实践。

资本市场化解流动性风险时,保险资金亦是主力。2018年10月25日银保监会发布《关于保险资产管理公司设立专项产品有关事项的通知》,允许保险资管公司设立专项产品,参与化解上市公司股票质押流动性风险。保险资管机构高效响应,国寿资产在通知发布4天后即设立行业首只目标规模200亿的纾困专项产品,人保资产、太平资产、新华资产等也相继落地纾困产品。2个多月内,10家保险资管落地专项产品,目标规模达到1160亿元。

险资用实际行动,发挥长期稳健投资优势,为优质上市公司和民营企业提供长期融资支持,维护金融市场长期健康发展。

成长不是一帆风顺的。2015—2017年,个别机构通过万能险账户频频举牌上市公司,过度干预上市公司治理,甚至出现争夺企业控制权的"宝万之争"等典型事件。在监管收紧,相关方就争议达成一致方案后,风波渐平,也引发不同维度的思考。年轻的保险资金也由此懂得,要与上市公司等被投企业取得共赢,有所为有所不为。此后,保险资金投资资本市场更加理性。

如今,险资堪当市场稳定器已是各方共识,监管机构近年持续推动保险资金入市,引导加大对优质上市公司的投资力度。今年3月16日,国务院金融稳定发展委员会召开专题会议,研究经济形势和资本市场问题，强调"欢迎长期机构投资者增加持股比例"。此后银保监会召开会议要求，要充分发挥保险资金长期投资的优势，引导保险机构将更多资金配置于权益类资产。

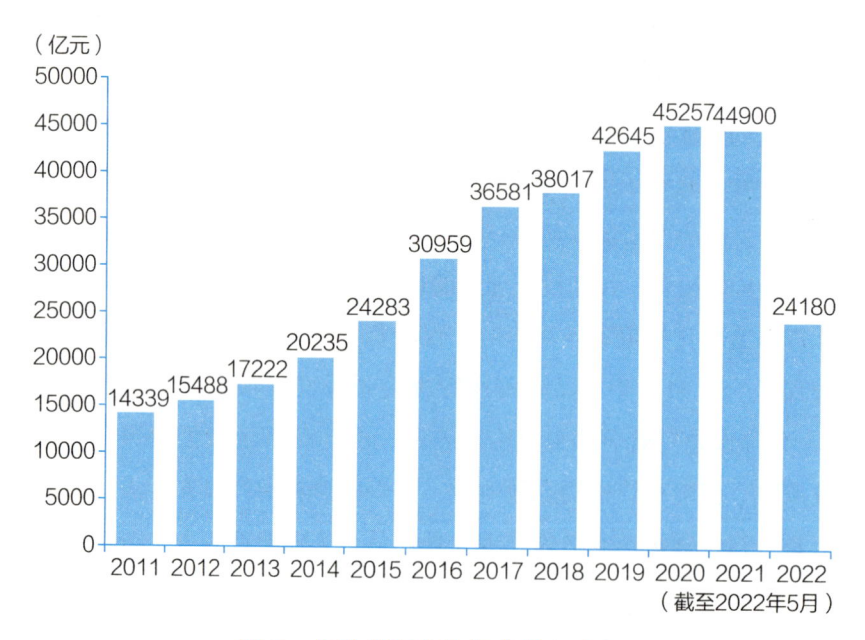

（亿元）

年份	数值
2011	14339
2012	15488
2013	17222
2014	20235
2015	24283
2016	30959
2017	36581
2018	38017
2019	42645
2020	45257
2021	44900
2022（截至2022年5月）	24180

图3　保险业近十年保费收入变化

数据来源：银保监会官网

"保险资金的投资理念以长期投资、价值投资、责任投资为核心。在当前比较复杂的宏观环境下，险资的参与增强了市场稳定性，有望降低海外金融市场波动，助力国内资本市场走出相对独立的行情，同时也有助于提升保险资金服务实体经济质效，防范投资风险。"生命资产有关负责人说。

曹德云表示，我国机构投资者占比目前尚不足25%，鼓励和引导长期资金入市是抑制市场非理性波动、维护长期健康稳定运行的关键。"我们建议持续鼓励符合中国经济未来发展方向的龙头登陆A股市场，吸引优质的海外上市中国企业回归国内资本市场，让国内投资者充分享受中国企业成长发展的红利。"曹德云说。

千川汇海阔，风好正扬帆。

（证券时报记者刘敬元、邓雄鹰、杨卓卿，原载《证券时报》2022年7月18日A001版、A004版）

银行业改革风雨兼程　信贷资管基本盘坚如磐石

"经济是肌体，金融是血脉，两者共生共荣。"习近平总书记对金融与经济关系的形象说法，强调了金融在经济发展中的重要性。

作为我国金融系统的重要组成部分，党的十八大以来，银行业发生了历史性转变。十年间，银行业聚焦回归本源、专注主业，重塑表内与表外的经营行为，表内资产配置回归"存贷为主"，表外则向净值化、标准化靠拢。

我国银行业由此规模不断壮大，并逐步实现由大到强、由高速增长向高质量发展的变革，在全球金融市场"抬起头"。同时，银行业"躬下身"，对实体经济重点领域和薄弱环节的服务质效显著提升，为中国经济的高速发展与结构调整提供了源头活水。

» 重构资产负债表

2017年无疑是中国银行业发展的重要分水岭。在此之前，通过资本消耗、跑马圈地以规模增长带动整体市值增长成为一致选择，同质化发展是当时绕不开的主题。

其结果一方面体现为快速扩张——银行业总资产规模在2011年、2016年跨越两个百亿台阶，年复合增长率超过18%；但另一方面，这也是盲目加杠杆的一段膨胀时期，非信贷资产扩张态势明显，影子银行、同业空转、监管套利等乱象频现，风险隐患不容忽视。

这显然与国内经济由高速增长阶段转向高质量发展阶段的深刻嬗变并不相符，"刮骨疗伤"势在必行。2017年初以来，银行业坚决清理整顿脱实向虚、以钱炒钱活动，金融生态逐步好转。

这一年，银行业资产规模增速自2001年以来首次降至个位数，并在随后数年保持低速增长态势。此后，金融资产盲目扩张得到根本扭转，高风险影子银行较历史峰值压降约25万亿元。

表1 十年间银行业总资产规模变化

时间（截至年末）	资产规模（万亿元）	年度增幅
2012年	133.62	17.95%
2013年	151.35	13.27%
2014年	172.34	13.86%
2015年	199.35	15.67%
2016年	232.25	16.51%
2017年	252.40	8.68%
2018年	268.24	6.27%
2019年	290.00	8.11%
2020年	319.74	10.25%
2021年	344.76	7.82%

数据来源：Wind

与此同时，贷款增速开始显著超过资产规模增速，在银行业总资产中的占比亦连续提高，银行资产负债表得以重构。2017—2021年，6家国有大行各项贷款占资产的比重由不到52%升至58.6%，12家全国性股份行这一占比更是由45%左右升至58.2%，回归本源、专注主业的效果愈发显现。

对习惯于垒大户、赚快钱的银行而言，放弃"规模情结"并不容易，其中不乏银行通过"缩表"方式应对，甚至出现营收、利润负增长，一些银行高管直言"那是最难熬的日子"。

表2 十年间部分银行贷款占比变化

时间（截至年末）	六大国有银行贷款总额/总资产	12家股份行贷款总额/总资产
2012年	49.98%	47.08%
2013年	51.32%	47.17%
2014年	52.24%	46.40%
2015年	52.06%	44.98%
2016年	51.89%	45.28%
2017年	53.23%	49.85%
2018年	54.49%	54.71%
2019年	55.46%	56.40%
2020年	56.43%	57.28%
2021年	58.61%	58.24%

过往的"房地产—地方政府—金融"三角循环在拉动经济增长的同时，愈加不可持续。随着我国金融供给侧结构性改革的持续深化，"科技—产业—金融"新三角循环正逐步形成，如何在稳住传统领域的同时积极进入新兴赛道，对银行业转型升级提出了新的挑战。

数据来源：Wind

但"降速换挡"是有必要的。随着银行资产业务进一步回归本源，金融服务实体经济质效得到持续提升。如银保监会副主席肖远企所言，十年间，金融与实体经济良性循环逐步形成，金融脱实向虚得到扭转，社会金融秩序基本实现"由乱到治"。

"降速"也并不意味着规模不再重要。于银行而言，资产规模是质量的分母、效益的源泉、转型的基础，是服务实体经济的基本要求，决不能把规模增长当成洪水猛兽，而更应该在保持规模合理增长的同时，改善"大而不强"的"虚胖"体质。

截至2021年末，我国银行业总资产达344.8万亿元，已经成为全球最大的银行市场。在最新公布的全球1000强银行排名中，我国合计141家银行上榜，一级资本和资产增长速度超越美国同行，工、农、中、建四大银行已成为全球系统性重要银行。

成绩是最好的佐证。在"降速换挡"的过程中，中国银行业资产负债结构更趋合理，一大批突出的风险隐患得到消除，风险抵补能力持续改善，一张更加扎实而稳健的资产负债表支撑起银行业总量更大、结构更优的可持续发展。

这也筑牢了我国金融业乃至中国经济高质量发展的基本盘——既有能力抵御、化解金融风险，也为经济发展和社会进步提供持续不断、强劲有力的动力支撑。

» 普惠金融见成效

银行资产负债表的重构，不仅在于存贷款占比的升高、非信贷资产占比的下降，也不意味着信贷资源"泛滥"，更应该被关注的是，银行表内信贷投放结构在此次"重构"中得到了显著优化。

一些银行将这整个过程总结为"做精表内"，即在加大金融总量供给的同时，提升对实体经济重点领域和薄弱环节的服务质效。

普惠金融特别是小微金融服务的快速发展，就是其中重点。肖远企透露，过去十年，普惠型小微企业贷款、普惠型涉农贷款年均增速分别达到25.5%、14.9%，大大高于贷款平均增速。这既是银行业坚持主业、回归本源的重要体现，也为其经营转型提供了广阔的空间。

需要承认的是，隐性兜底、"大而不倒"、不良追责机制缺陷等因素的存在，使得银行业过去"趋利避害"地将信贷投放集中于政府平台、国企、地产、大型民企等领域，缺乏做小微业务的内在动力。

即便监管部门很早就关注到中小微企业的金融服务，并要求银行业在小企业融资业务方面进行风险定价、核算、审批、人员等"六项机制"创新，但传统银行对小微信贷仍然普遍存在"不敢做、不愿做、不会做"的情况。

打消银行的疑虑，有赖于决策层的鼓励与推动。2013年底，党的十八届三中全会明确提出发展普惠金融；2015年《政府工作报告》提出，要大力发展普惠金融，让所有市场主体都能分享金融服务的雨露甘霖；2016年初，国务院印发关于推进普惠金融发展规划（2016—2020年）的通知；在看望参加政协会议的民建、工商联界委员时，习近平总书记一番讲话更是引起强烈反响，"让民营企业真正从政策中增强获得感"振聋发聩。

期间，监管层对小微企业贷款的政策制定与导向要求逐渐细化，从支持全口径小微贷款发展到侧重普惠小微贷款，政策诉求从单一强调"增量"到"量增、面扩、价降"并重，并将"首贷户"纳入考核，提高小微不良容忍度，着力疏通小微企业融资堵点、破解融资难题。

商业银行也在政策东风之下发力普惠金融，挑起身上所肩负的服务中小微的责任与担子——大行纷纷"下沉"布局，区域性银行深耕本土差异化经营，都用自己的方式参与这一金融服务大潮。

可喜的是，已有个别中小银行扛住高成本收入比、产能桎梏，立足区域优势，长期践行小微金融，终究越过山丘，走出了一条可持续发展的"小微银行"品牌之路。

普惠金融大发展也离不开银行业数字化转型这一现实趋势。而今，银行服务小微不仅需要内部构建敏捷组织，更需要借助科技支撑，实现批量获客、精准风控。例如，利用数字化、线上化转型，依托大数据、人工智能、云计算、区块链技术等先进技术，个性化定制金融产品，合理化把控中小微企业的风险、成本以及放款规模。

不局限于简单解决"融资难、融资贵"的困境，普惠金融更深远的意义正在显现，让更多的人享受到良好的金融服务，改善经济并提升生活水平，甚至实现脱贫致富。

» **理财回归"真资管"**

做精表内的同时，银行表外业务也在十年间从"脱缰"转向"正途"，从"做大"走向"做强",银行理财正是其中的典型代表。

2017年,是银行理财发展的转折之年。这一年,原本"藏身"于表外、为表内做资产的"影子银行式"银行理财,开始在监管层层约束下真正走上代客理财的回归之路,基于过去十余年积累的规模优势迎来了一次"蝶变"之旅。

银行理财的规模爆发期始于2008年底。彼时,在一揽子政策刺激之下,表外融资需求迅速崛起,需要融资的项目被包装成非标资产,加上由某些地方政府隐性信用背书和土地增值预期提供的稳定高收益,资金、资产两端一拍即合——商业银行一边吸收理财资金,另一边用这些资金配置非标资产,逐渐形成集合了资金池、期限错配、滚动发行、刚兑等标签的中国特色"银行理财"产品。

由于银行理财利用资金池、发新产品兑付旧产品、同业理财等工具保证刚兑,大量用户冲着保本保收益的预期而来,推动着银行理财规模节节攀升,仅2013—2015两年间,银行理财规模就由10万亿元扩张至23.5万亿元。

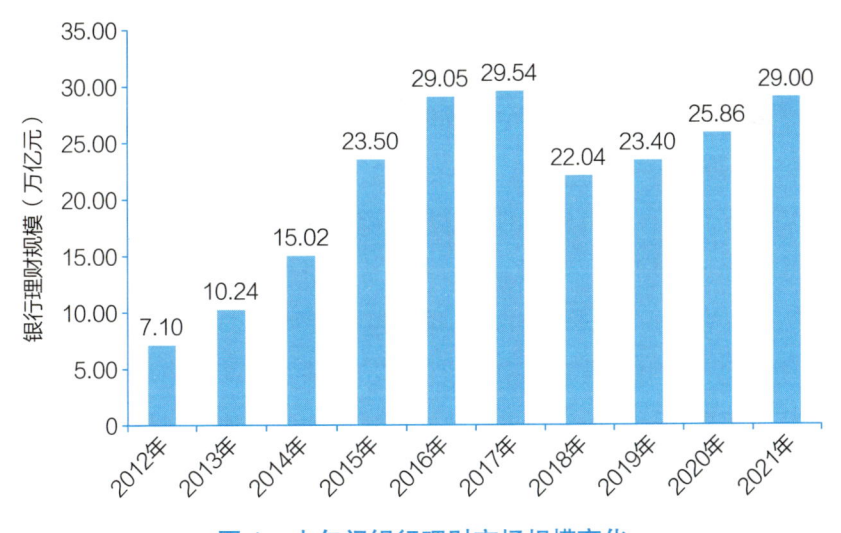

年份	银行理财规模（万亿元）
2012年	7.10
2013年	10.24
2014年	15.02
2015年	23.50
2016年	29.05
2017年	29.54
2018年	22.04
2019年	23.40
2020年	25.86
2021年	29.00

图1 十年间银行理财市场规模变化

数据来源:Wind

然而，银行理财逐渐演变为商业银行的"表外存贷"业务，风险隐患也随着理财规模的攀升铢积寸累。整改被提上日程，监管重拳已蓄势待发。

2018年，资管新规、理财新规两大重磅文件先后落地，明确银行理财"受人之托、代人理财"的业务本质，直指刚性兑付、资金池、期限错配风险等市场顽疾。

随后数年，监管部门从现金管理类理财产品、估值方法切换、流动性风险、理财子公司管理等不同方面，相继出台了一系列政策文件，推动银行理财实现"真净值"，充实和完善了理财业务的监管框架。2021年底，3年资管新规过渡期结束，绝大部分银行如期完成理财存量整改计划。自此，银行理财也揭开了与其他资管机构同台竞技的大资管时代新序章。

截至2021年底，银行保本理财产品规模已由资管新规发布时的4万亿元压降至零；净值型产品存续余额26.96万亿元，占比92.97%，较资管新规发布前增加23.89万亿元。

目前，已有29家银行理财子公司获批筹建，其中25家已获批开业。理财子公司产品存续规模占全市场的比例近六成，已发展成为理财市场重要的机构类型。

短期来看，打破刚兑后的银行理财产品收益曲线陡然走峭，客户承受本金受损风险增大，但这也意味着银行理财与客户真正成为"命运共同体"，"以客户为中心"正在成为越来越多理财子公司的核心发展理念。

正如光大理财原董事长张旭阳所言，未来5年，无论是什么样的资管机构，采取什么样的发展策略，需要建设的核心能力都是从投资者的角度出发，在技术和数据支持下，对世界更好地认知，对资产和投资者更好地理解和适配。

» 转型升级正破题

回顾我国银行史，实际上也是一部转型史。转型并非一句时髦口号，也不是理论问题，而是结合经济、市场环境变化与自身资源禀赋作出的经营选择。

过去十年的银行转型也是如此。不可否认，过往的"房地产—地方政府—金融"三角循环在拉动经济增长的同时，愈加不可持续，甚至带来房价过高、地方政府负债率过高、实体经济和科技创新的金融资源受到过度挤占等系列问题，银行业此时也难免陷入"资本消耗—规模增长"的循环。

一些银行意识到问题所在，通过大力布局零售银行业务、发展表外业务转向"轻资本、轻资产"经营，通过加大科技投入、提升科技应用水平实现"轻成本"，在"轻型银行"建设过程中取得突出成绩。

数据显示，以目前42家A股上市银行为统计样本，2012—2021年，其非利息净收入在年度累计营业收入中的占比由20%左右升至近27%，对净息差的依赖显著减小，轻资本转型卓有成效。同时，银行业零售业务收入贡献度普遍提升，收入结构更加均衡。得益于经营方式的转变，个别银行在实现内生性增长的同时，打造出自身的差异化经营特色，也在资本市场享受了更高的估值溢价。

而随着我国金融供给侧结构性改革的持续深化，"科技—产业—金融"新三角循环正逐步形成，如何在稳住传统领域的同时积极进入新兴赛道，对银行业转型升级提出了新的挑战。

此时，银行不只要经营好自身的表内和表外"两张资产负债表"，也要转变到同时经营"客户资产负债表"——在为客户创造价值的过程中实现自身的高质量发展。

国信证券金融业首席分析师王剑认为，强化内部协同，打通从资产供应到产品供应再到资金供应这样一个服务链和价值链，进一步完善财富管理、资产管理、投资银行全链条一体化的经营体系，是未来大中型银行转型的重要方向。

同时，受自身规模、经营区域和牌照等所限，大部分城商行和农商行难以走大中型银行综合化的转型之路；面对发展困境与资源约束，中小银行应深耕本地中小企业，走错位发展的道路。但在新的经济形态下，中小银行传统业务模式必须有所升级，积极借助金融科技推动业务发展。

王剑表示，新经济形态下，银行传统存贷模式受到巨大挑战，但新经济形态也给转型领先、经营能力较强的银行提供了机遇，未来两条转型路径中都有望走出优质银行。

（证券时报记者马传茂、李颖超、杜晓彤、谢忠翔，原载《证券时报》2022年7月11日A001版、A004版）

公募基金跨越"黄金十年" 筑牢资本市场压舱石

十年,在历史长河中,不过弹指一挥间。对于中国公募基金行业而言,过去的这十年可谓是扬鞭策马、一日千里,是跨越式发展的十年。

党的十八大以来,中国资本市场朝着"规范、透明、开放、有活力、有韧性"的新时代建设目标稳步前进,公募基金行业日益成为资本市场的重要机构投资者和居民财富管理的重要依托。

如今,全市场公募基金产品突破万只,标志着公募基金行业站在了一个新的发展起点。站在中国经济高质量发展、国民财富增长、理财需求爆发的肩膀上,公募基金行业前进的道路纵然或有曲折,前途依然不可限量。

» 普惠金融 走进千家万户

门槛低、透明度高,公募基金成为公众分享资本市场成长红利、实现财富长期保值增值的重要方式,是普惠金融的典型代表。

中国证券业协会发布的《2021年度证券公司投资者服务与保护报告》显示,截至2021年底,我国基金投资者超过7.2亿。而十年前,基金户数还不到4000万,十年间,公募基金投资者数量增加了17倍。

"这是我买的第一只基金,也是我的第一大重仓基金。"2006年,彭女士买入了某只基金产品,自买入至今,彭女士已连续持有了16年。"我是坚定的长期主义者,看好我们国家的经济发展,这也是我的投资信念。"彭女士投资基金的经历是公募基金产品走进千家万户的缩影。

十年间，公募基金累计为持有人创造了 6.25 万亿元的回报，向持有人累计分红 1.2 万亿元。

（只）

年份	2012	2013	2014	2015	2016	2017	2018	2019	2020	2021	2022上半年
数量	1174	1552	1891	2687	3821	4692	5153	6091	7403	9175	10049

图 1 公募基金产品数量十年变化

上海证券基金评价研究中心业务负责人刘亦千直言，公募基金行业在过去十年实现了跨越式发展，最核心的变化是公募普惠金融的价值得到投资者越来越广泛的认同和接受，持有人数量持续攀升。公募基金的专业价值在过去十年得到充分体现，为投资者实现了丰厚的投资回报，也成为最重要的大众理财选择之一。

除了在投资管理上持续优化提升投研实力，公募基金在过去十年不断夯实服务基础，投资者教育和投资者服务方面也在不断加强和拓展。

广发基金表示，高质量的资本市场需要成熟理性的投资者队伍，投资者教育是资本市场长期健康发展的重要保障。公募基金作为普惠金融的代表，实施高质量的投资者教育责任在肩，应持续以投资者需求为导向，紧密围绕提升投资者获得感，加大投资者保护、陪伴和引导，进一步提升投资者教育的针对性和有效性，为投资者提供更高质量、更有实效的教育和服务，推动形成健康理性的理财观念和投资行为，使投资者更好地参与、支持和配合市场发展。

除此之外，公募基金在社保基金、基本养老保险基金、企业（职业）年金的投资管理中也发挥着重要作用，全面参与和助力我国养老三大支柱体系建设。

上海证券基金评价研究中心负责人刘亦千认为，公募基金通过汇聚大众资金参与资本市场投资，为社会经济发展提供了持续不断的发展资金；其专业的定价能力极大地提升了资本市场资源配置能力，助力宏观产业加快转型，提升经济发展质量；个人投资者也通过公募基金充分分享到中国经济的发展成果，实现了财富的保值增值。

» 规模达 27 万亿元　产品矩阵不断丰富

中国公募基金行业自 1998 年萌芽破土至今，已经走过二十四个春秋。得益于行业生态不断完善、投资者认可度提高，中国公募基金行业总体上保持平稳较快发展势头，成为大资管行业的中坚力量。

最新数据显示，公募基金产品总数量已经超过 10000 只，管理规模合计达 27 万亿元，两项核心数据稳步上升，行业发展日新月异。

Wind 数据统计显示，2021 年末公募基金持有 A 股市值占 A 股自由流通市值的 15.5%。公募基金已成为资本市场重要的机构投资者之一，在优化市场资源配置、维护资本市场稳定等方面发挥着主力军作用。

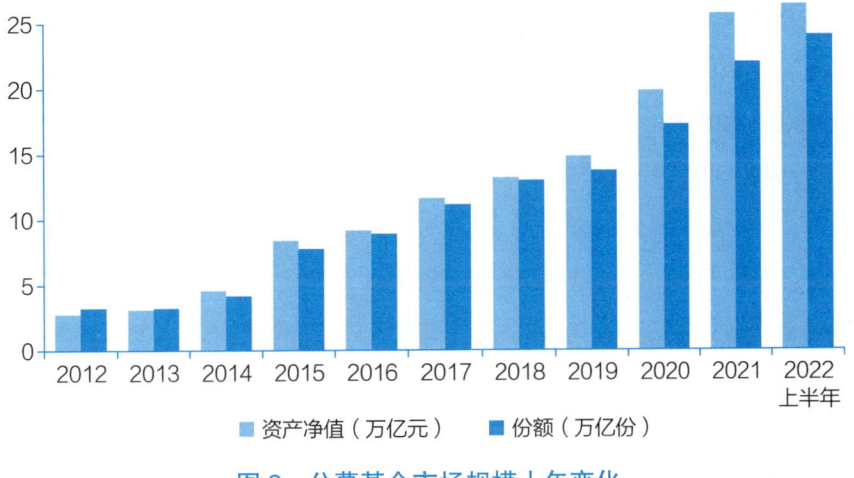

图 2　公募基金市场规模十年变化

同时，公募基金产品类型日益丰富，为投资者提供了包含货币、固收、权益、QDII 等不同风险收益特征的产品。此外，基金行业创新产品迭出，公募 REITs、ESG 主题基金、MSCI A50 ETF、双创 50 ETF 等各类创新品种快速发展，不断丰富、完善公募基金服务实体经济、匹配投资者理财需求的路径和方式。

经雷，十年前初入嘉实，担任机构投资与固定收益业务首席投资官，后担任嘉实基金总经理，至今四年有余。在他看来，公募基金行业十年来三大变化最让人印象深刻。

十年前，公募基金总规模约为 3 万亿元，全市场只有 1000 多只公募产品，如今这组数字是 27 万亿元和超过万只，债券型和混合型基金占据大半壁江山。

十年前，个人投资者对资产管理还知之甚少，机构投资者尚未形成体系化的委外布局；今天，个人投资者中有理财经验和资本市场认知的比例显著增加，机构客户对于账户的业绩诉求和风险特征的要求更为明确。

十年前，公募基金销售渠道以银行代销为主，客户经理依靠佣金收入，产品销售是首要工作目标；今天，银行代销、互联网平台代销、第三方投顾代销、基金公司直销等渠道百花齐放，销售端逐步向客户盈利以及"盈利体验为中心 + 长期陪伴"的投资顾问角色转换，亦反馈给基金经理更为精细的产品分类模式和业绩评价办法。

2012—2021 年，公募基金行业规模持续增长，尤其 2018 年资管新规推出后，公募产品净值化优势在大资管市场中日益凸显。

从竞争格局来看，剔除货基、短期理财基金后，近 3 年头部基金公司份额相对稳定，前十大基金公司规模占比约 40%。此外，已有 39 家基金公司规模迈入千亿元级，8 家公司管理规模超过 5000 亿元，头部效应明显。

从产品结构来看，公募基金产品类型丰富，货币基金占比最大，债券基金规模持续攀升。其中，货币基金占比最大，存量规模10万亿元，占比39.4%；股票、混合、债券基金存量规模分别为2.1万亿元、5.3万亿元和7.4万亿元，占比分别为8.2%、21.0%和29.1%。截至2022年一季度，公募基金中主动权益类基金规模约3.42万亿元，相比十年前增长了4.5倍。通过发展主动权益类基金，公募主动引导社会金融资源流入先进实体产业，持续赋能实体经济发展，进一步提升了资本市场优化资源配置的作用。

富国基金总经理陈戈认为，近十年来，公募基金行业紧扣高质量发展主线，助力多层次资本市场建设；顺应行业发展趋势，积极发挥服务实体经济功能；作为普惠金融的典型代表，坚持以投资者利益为本，帮助公众分享资本市场成长的成果，助力实现共同富裕。

汇添富基金董事长李文表示，展望下一个十年，公募基金行业依托产品和服务，在服务资本市场改革发展、服务居民财富管理、服务实体经济与国家战略等方面，仍然具有非常广阔的发展空间。具体包括以下三大方向：一是加大产品和业务创新力度，着力提高公募基金服务实体经济的能力，大力发展权益基金、指数基金、中低波动型产品，同时进一步提升产品风险收益特征的稳定性；二是深度参与养老金融服务，开发设计更多满足老百姓需求的养老基金产品，引导和培育市场长期投资和价值投资的理念，推进资本市场改革发展；三是提升公募基金服务客户的专业能力，通过产品和服务提升投资者获得感，特别是在产品数量越来越多的背景下，亟待建立以客户为中心的买方投资顾问服务体系，为投资者提供更加精细化、个性化的账户管理和投资管理服务，更好地满足居民财富管理需求。

» 完善制度　打牢基础

近十年来，中国资本市场坚持市场化、法治化、国际化方向，持续推进基础制度建设，深化改革开放，为公募基金行业大发展奠定了坚实基础。

申万菱信基金董事长陈晓升表示，从传统封闭式基金谢幕，到开放式基金占据主流，从宝宝类产品主动控规模，到回归主动管理本源，从保本、分级基金退出历史舞台，到公募FOF、养老目标基金跑出加速度，从卖方销售监督，到买方投顾起步，从基子非标融资压缩，到公募REITs推进，公募基金行业通过一点一滴的积累和创新，不断顺应时代发展，最终才迎来了"黄金十年"，每一次革故鼎新的背后，都离不开制度的创新和完善。

2013年6月，修订后的《证券投资基金法》正式施行。作为基金行业的根本大法，新《基金法》遵循"放松管制，加强监管"的原则，为公募基金提升管理能力、拓展创新空间、打造竞争优势提供了法律指引。

此后，监管逐步放宽公募牌照限制，促进公募市场参与主体多元化，允许公募基金管理人实施专业人士持股计划，留住人才。截至目前，已获得公募基金管理牌照的机构有159家，其中22家为个人系基金公司。2014年开始，基金行业股权激励开始由点及面展开。目前，行业共有30家基金公司通过高管持股、核心员工持股等方式实施了股权激励。公募市场参与主体更趋多元化，行业不断扩容，"鲶鱼效应"逐渐显现，进一步激发了公募基金行业的活力。

2018年4月，《关于规范金融机构资产管理业务的指导意见》颁布，开启了统一的大资产管理时代，释放出公募基金行业跨越式发展的新动能。在资管新规的指引下，传统理财打破刚性兑付，居民资产配置向标准化、净值化的公募产品转移，公募基金的吸引力显著提升。

数据显示，截至2021年末，银行理财、信托和券商资管规模较2017年末分别下降2%、24%和51%，而公募基金行业的规模则上升了121%，成为增长最快的资管子行业。

今年4月，证监会发布了《关于加快推进公募基金行业高质量发展的意见》，赋予行业更大的责任和使命，提出了涉及四大方面的 16 条举措，为行业高质量发展进一步指明了方向。

金鹰基金总经理周蔚认为，公开透明的信息披露、严格的合规风控要求、第三方独立托管、资产组合管理、净值管理等规范性制度，为公募基金行稳致远提供了保障。

李文说："站在行业发展新阶段，基金公司未来除了继续遵守法律制度、严守合规底线、开展规范经营之外，还要勇于担当，积极作为，真正成为心系'国之大者'的践行者，在服务国家战略、推动创新驱动发展和经济转型升级、促进共同富裕等方面发挥更大作用。"

» 既要"引进来"也要"走出去"

十年来，资本市场对外开放提速，外资纷纷来华布局公募业务，同时公募基金通过子公司、QDII 产品加大布局境外市场，登上全球舞台，公募基金行业对外开放成果显著。

2018 年，外资参股占比放宽至 51%，2020 年参股比例完全放开。目前，外资参股、控股和独资的公募基金公司数量共有 48 家，占比在三成左右，公募基金行业"引进来"卓有成效。

在"走出去"方面，超过 20 家公募基金管理公司在境外设立子公司，具备 QDII 资质的公募基金公司数量接近 50 家。

十年来，QDII 基金总规模、产品数量均创出历史新高，其中产品数量已经达到 206 只，资产净值合计 2500 亿元。在覆盖全球资本市场方面，QDII 按投资区域可以投资 16 个类别，投资标的覆盖股票、债券、商品、指数等，投资范围涵盖了全球主要资本市场。

外资也纷纷来中国布局，中外资同台竞技，对于公募基金行业发展有着怎样的意义？

陈晓升说："外资本身有很多长处和优点，他们的发展历史比我们更悠久，他们的整个管理体系、风险控制以及全球视野都值得我们去学习和提升，这对投资者来说，无疑也是有益的。"

周蔚则认为，外资机构不断加入将为国内资本市场带来增量海外资金，持续注入源头活水。外资机构参与度的提高，将完善A股市场长期定价机制，推动中国金融市场国际化，促进人民币国际化。

在中欧基金刘建平看来，国内公募基金管理人需要学习海外成熟市场的经验，提升管理能力和竞争力。

经雷认为，中资、外资和合资背景的公募基金共同深耕大资管市场，更多元化的产品体系，更具有差异化、特色化的服务模式，这将给中国居民财富资产配置、养老目标规划和社会带来积极的影响。

» 百舸争流　铸就基业长青

过去十年，在资本市场的长跑中，有些公募基金公司持续领跑，扩大领先优势，有些则跑得越来越吃力，慢慢掉队了。领跑选手有哪些心得？

陈晓升说，公募基金行业的竞争将回归主动管理本源，以投资者利益为核心，比拼各家的投研和服务能力。公募基金是知识密集型行业，人才永远是最宝贵的资源。随着行业马太效应不断加剧，各家公募公司必将在投资、研究、金融科技、营销服务人员等多条赛道开展更为激烈的人才竞赛。

经雷总结了"基业长青"的三大制胜法宝：专业是基金公司长远发展之本；机制和管理是基金公司长远发展的保障；人才是基金公司发展的核心。

公募基金已经成为A股市场最大的机构投资者之一，在服务资本市场改革发展稳定中具有举足轻重的地位。要敢于放弃短期利益，追求长期目标，做难而正确的事情。不仅要切实从治理体系、考核模式、激励机制等方面，践行长期投资、价值投资的理念，还要通过持续不断的能力建设和产品创新吸引长期资金，成为资本市场持续稳健发展的中坚力量。

资产管理机构要塑造卓越的资产管理能力，最基础的是通过人的主观能动性去解锁世界的未知，最终在管理好风险的基础上使得客户利益最大化。在基金管理的实际运作过程中，起到决定性作用的因素并不只是对资本市场的边际变化的判断，或者策略的几次调整对错与否，而是"人"。归根结底，资产管理的收益来源于人的超额认知、人的基本素质，专业人才的安心成长则来自公司对人的合理配置。

周蔚特别强调了差异化发展路线。他认为，公募基金头部效应明显，基金公司要根据自身的优势、短板和定位，结合行业未来发展趋势，进行有针对性的战略布局。从一开始就打造囊括市场上所有品类的全产品线，前期投入大，后续经营也存在很大难度，并不是一个高性价比的选择。长期在某一个或几个战略方向上精耕细作，打造公司别具一格的品牌特色，积累业绩、打造口碑，持之以恒，成效就会显现出来。

"资产管理之道，不在朝夕之赢，而在长远之兴。"富国基金总经理陈戈表示，"基业长青，需坚守以投资者利益为核心，切实做到行业发展与投资者利益同提升、共进步；需切实提高公募基金行业服务资本市场改革发展、服务居民财富管理需求、服务实体经济与国家战略的能力；需正确处理好规模与质量、发展与稳定、效率与公平、高增长与可持续的关系。"

（证券时报记者詹晨、吴琦，原载《证券时报》2022年8月9日A001版、A004版）

奔向繁荣：资本市场这十年

十年不寻常　证券私募业成为财富管理"新势力"

党的十八大以来，中国社会财富显著增长，居民理财需求日益提升，证券私募业随之不断发展壮大。十年磨一剑，改革促发展，过往十年间，证券私募业与资本市场改革共进，从粗放走向规范，由懵懂走向成熟，成长为大资管行业中最具活力的"新势力"。

更为关键的是，证券私募业在发展过程中努力找准自身定位和价值所在。着眼长期价值、夯实核心能力、敢于开拓创新，为投资者提供更多更好的产品，在资本市场发挥更多正能量。

» 高质量发展扎实推进

万丈高楼平地起，一砖一瓦皆根基。过去十年，证券私募业迎来了行业发展的黄金期，逐步告别草根形态和野蛮生长，进入到阳光化运作、规范化运行的阶段，行业规模大幅扩张，发展气象焕然一新。

早期，证券私募业门槛较低，相当长时间内处于监管的边缘地带，无托管状态的账户管理合作是最主要的生存模式。直到2003年，云南信托试水推出国内第一只投资于二级市场的信托计划"中国龙"；2004年，赵丹阳的"赤子之心"以投顾形式借道深国投信托推出了"深国投—赤子之心（中国）集合子基金信托"，开创了私募证券投资基金阳光化的先河。

当时，私募基金的数量和管理规模都很小，管理人以"民间派"为主。2007年大牛市催生了第一波"奔私"浪潮，淡水泉投资赵军、星石投资江晖、朱雀投资李华轮、从容投资吕俊等纷纷奔私，证券私募业从此崭露头角。

2012年，中国证券投资基金业协会成立。2013年，修订版的《证券投资基金法》发布，明确了私募行业的法律地位。到了2014年，更是对私募业发展具有划时代意义的一年。

2014年3月，《私募投资基金管理人登记和基金备案办法》施行，私募机构第一次拥有了独立基金管理人身份，50家私募管理人（其中33家为证券私募）首批获颁登记证书；2014年8月，证监会正式公布《私募投资基金监督管理暂行办法》，它的制定执行为私募基金的设立和运营提供了明确依据，新增私募机构自主发行这一选项，对规范、促进私募业经营发展起到了积极作用。

证券私募业此后步入发展快车道，私募管理人百舸争流，产品数量和管理规模齐头并进。为了进一步正本清源，针对发展中的部分乱象，监管部门从2016年起又出台一系列监管规则，帮助证券私募业强基固本、提档升级，行业进入高质量发展新阶段。

中欧瑞博董事长吴伟志表示，阳光化解决了客户与管理人之间道德信任和道德风险问题，促使私募行业后来的蓬勃发展。过去几年，私募业在快速发展过程中虽然遇到过一些阶段性问题，但在加强监管后发展势头已明显改观。

2014年底，全国共有私募基金管理人4955家、管理规模1.49万亿人民币，而到2021年底，私募基金管理人达到24610家，管理规模20.27万亿，管理规模年复合增长率达45%，是大资管行业中增长最快的一股力量。其中，证券私募9000余家，管理规模一度突破6万亿大关。

私募排排网创始人李春瑜指出，随着私募行业监管和法规的持续完善，很多以前的行业乱象都已经消失殆尽，清退了一大批不符合要求的管理人。对投资者来说，完善的监管是为投资者"守好钱袋子"的基础，同时有助于行业存优去劣，为投资者更好地甄别优秀的管理人。

投资理念策略健全优化

投资是一场修行，贵在明心见性。回顾证券私募业过去十年的发展史，无论是投资理念还是投资策略，都在不断完善和成熟。

其中有两大"现象级"变化令人印象深刻。首先，证券私募的投资理念从早期的注重技术分析、短期博弈，转向践行长期价值投资逐渐成为主流，这在股票私募里表现最为突出。

2015年可以说是行业理念转变的重要分水岭。在当年的股市周期性波动中，一批靠炒热点、炒消息起家的私募最终被市场惩罚，引发全行业思考。与此同时，长期价值投资的理念走上前台，证券私募业开始大力加强投研能力建设。

2017年以来，证券私募业在践行长期投资、价值投资方面的积极作用日趋凸显，并通过A股市场投资发现并赋能优秀企业及企业家，服务实体经济高质量发展。通过投资优质上市公司股票，一批坚守长期价值投资的私募管理人取得了不俗业绩，为投资者创造了丰厚收益。

数据显示，截至2021年底，国内百亿私募数量扩容至104家，其中高毅资产、景林资产、淡水泉投资等机构管理资产规模突破千亿，这些头部私募都是长期价值投资和逆向投资理念的践行者。

其次，证券私募还成了资管圈内策略产品创新的桥头堡，各类新策略日渐丰富，不断满足投资人多样化的配置需求。而这与量化私募的异军突起紧密相关。

中国量化私募自2010年前后起步，至2021年，合计管理规模突破万亿，迈上新台阶。2012—2015年间，一系列创新策略在中国集中涌现，市场中性、宏观对冲、股票多空等各类量化策略百花齐放，背后正是量化私募的快速发展。2015年之后，指数增强、多因子模型量化选股等策略多点开花，证券私募业的投资策略体系进一步完善。

九坤投资CEO王琛表示，量化从业者们经过十多年的打拼和探索，将先进的投资理念和前沿的算法、人工智能等技术应用在投资中,并通过可追溯的长期表现,使其从小众类别逐步成为被广泛认知的投资策略之一。

量化投资一方面丰富了私募行业的策略类型,另一方面也给市场提供了流动性,助力价值发现。在明汯投资创始人裘慧明看来,2010年以来,中国量化私募一直在"曲折中前进、螺旋式上升"发展。相对于量化投资在欧美已走过将近半个世纪,中国量化投资还有很长的路要走,未来行业不断稳健前行离不开行业的自律,更离不开监管适度的呵护。

» 资管人才高地加速形成

功以才成,业由才广。证券私募业的高质量发展离不开一支高素质的人才队伍。过去十年间,中国证券私募业已加速形成资管人才高地,成为全球顶尖资管人才的优先选择。

2014—2015年以及2020年至今,证券私募业又掀起两轮"公奔私"浪潮。王亚伟、王晓明、胡建平等公募大佬在2014—2015年间加入私募业,而过去一年多来,林鹏、董承非、周应波等公募明星基金经理相继奔私,这些资管届领军人物的加盟对证券私募业发展形成了引领示范效应。与此同时,国内量化私募的蓬勃发展,又吸引沉淀了一批顶尖海归人才和金融科技专家。

根据朝阳永续联合华泰证券等机构发布的《2021年中国量化私募白皮书》的相关数据,私募行业高端人才聚集的现象,特别是在量化私募行业非常显著,这些高端人才的汇入,对于推动私募基金业绩起到一定的驱动作用。中国量化私募从业者教育背景调查统计显示,博士学历占比11%,硕士学历占比65%。

在重阳投资董事长王庆看来,私募行业的舞台已经越来越大,无论私募基金的数量、管理规模还是市场地位,过去十年间都发生了巨大的提升，随着竞争的加剧，大家势必都要寻找更优秀的人才，这就形成了一个正循环。私募行业的地位也在抬升，随着登记备案制度以及一系列监管措施的推出，私募摆脱了草根的地位，成为资管行业中必不可少的一环，其监管地位和市场地位的提高也有利于吸引更多优秀的人才加盟到行业中来。

"相比与公募等其他资管形态，私募无论在投资操作还是激励机制甚至公司治理结构上都相对灵活和市场化，这也有助于人才的吸纳。往后看，只要我们依然要发挥大资管行业的作用，那么私募基金也一定会得到进一步发展，也将有更多人才加入这个行业中来。"王庆说。

朝阳永续 CEO 廖冰指出，高端人才聚集正是行业快速发展的一种体现。随着越来越多尖端人才的加入，私募基金产品策略愈加丰富，行业运行效率进一步提高，均有助于提升投资者的满意程度，进而推动私募行业发展。投资公司要立于不败之地，投研是核心生产力，人才管理、团队建设也会成为核心竞争力。同时，随着国内金融市场对外开放程度加深，活跃在 A 股市场上的外资越来越多，引入外部高端人才，是本土资产管理公司吸收先进经验、提高投研及管理水平的有效方式之一。

过去十年，证券私募行业已经发展成为一个充分市场化竞争的行业。伴随行业和市场生态不断优化，证券私募在公司治理方面也持续探索、日趋完善，吸引越来越多热爱投资事业的人才加入这一行业。人才软实力的提升，最终铸就了中国证券私募业乃至资管行业的新格局。

» 对外开放步伐稳中求进

正所谓"他山之石，可以攻玉"，回顾过去十年，伴随中国金融对外开放的稳步推进，中国证券私募业也在这轮开放浪潮中提质升级。

实际上，中国证券私募业本身就是在对外开放中应运而生。星石投资副董事长杨玲表示，早期阳光私募的雏形借鉴了香港在基金方面的运行模式，又结合了内地的一些具体制度规定，虽然产品都规模不大，但是给专业人员指明了方向。

在证券私募业的发展过程中，对外开放持续深化，推动行业全面提升。一方面积极"引进来"：国内管理人学习海外成熟投资理念和管理模式、吸引海外长期资金，行业准入顶尖外资资管机构、加速构建新生态；另一方面大胆"走出去"：一批优秀管理人勇立潮头，与海外管理人和投资者对话，布局全球资产。

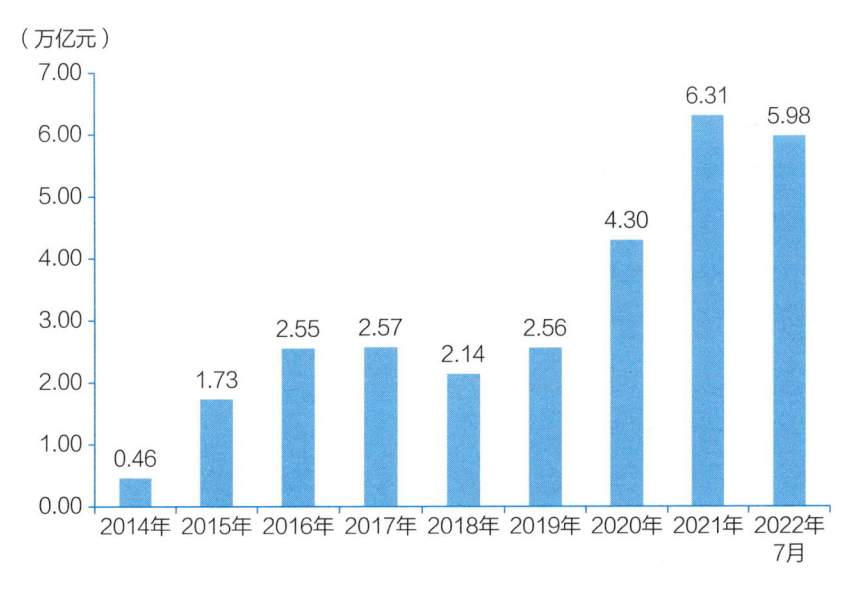

（万亿元）

年份	规模
2014年	0.46
2015年	1.73
2016年	2.55
2017年	2.57
2018年	2.14
2019年	2.56
2020年	4.30
2021年	6.31
2022年7月	5.98

图 1　近十年私募基金备案规模变化

淡水泉投资是国内最早进行国际化探索的证券私募机构之一。该公司创始人赵军认为，私募行业在吸引海外长期资金投资中国 A 股市场方面发挥了重要作用。在海外业务合作中，中国管理人充当海外机构投资人长期投资中国、感受中国市场活力，发挥了很好的桥梁作用。

"以淡水泉为例，我们扎根 A 股市场，积极讲好中国故事，吸引了一批海外长期资金投资中国市场。在 2018 年中美贸易战期间、2021—2022 年国内市场受到经济下行叠加疫情冲击等压力下，充分向客户传递信心、提示机会，在市场波动中，仍有海外长期资金坚定加仓中国市场。走出去方面，公司在中国香港、新加坡、纽约建立海外能力中心，对不同行业进行广覆盖，希望帮助国内投资人在全球范围寻找更多样化、有竞争力的投资机会，在全球进行配置资产。"赵军说。

2017年1月，富达国际子公司富达利泰成为业内首家完成登记的外资私募。此后，瑞银、桥水、贝莱德等海外资管巨头陆续以设立外资私募的形式进军国内资管业。截至今年6月底，外资私募数量已经达到42家。这些外资私募虽然早期经历过"水土不服"，但在行业发展大潮下很快找准各自方向，桥水中国以100亿元以上管理规模位居外资私募首位，而贝莱德、路博迈、富达更是成功获批外资独资公募，转战公募业务。

外资私募的来华步伐仍在继续，这符合中国金融对外开放的大趋势。王庆指出，短期来看，外资私募的加入肯定会加剧私募行业的竞争；但是长期来看，这对整个私募行业的发展是一件好事情，外资相对成熟的投资理念、投研体系、风控理念、经营理念以及品牌意识等有望带动国内私募成长，也有利于提升整个私募行业的地位。

» 勠力同心实现新作为

过去十年，中国资本市场逐渐走向成熟，机构投资者的广泛参与功不可没，私募基金已经成为其中的重要业态，它的壮大对资本市场效率提升具有积极意义。此外，私募基金面向高净值人群，与侧重普惠的公募基金一起为国内居民构建了多层次的财富管理服务体系，在服务实体经济、完善多层次资本市场体系、推进供给侧结构性改革方面发挥着至关重要的作用。

杨玲认为，私募基金的核心功能是引导价值发现，在股市发现上市公司的真实价值并为之合理定价，通过专业知识促进资本市场资金融通。私募基金的价值发现功能使得优质公司在资本市场中更高效的绽放光彩，对于公司本身而言，有助于其获得充沛的资金来促进发展；对于全社会而言，形成了示范效应，可以引导社会资源配置到更有核心竞争力的企业上来，促进国内经济转型，形成资本市场与实体经济相互促进的良性循环。

近年私募监管重要节点：

- **2014年8月**：首个专门监管私募基金的部门规章——《私募投资基金监督管理暂行办法》颁布施行。
- **2015年2月起**：中基协开始布局"7+2"（七项管理办法和两项指引）自律规则体系，从备案登记、信息披露、募集行为等维度规范私募行为，强化事中、事后监管。
- **2016年**：私募基金严监管元年，中基协当年颁布诸多监管文件，涉及私募基金内部控制、登记管理、信息披露、风险揭示等各个方面。
- **2017年**：监管持续加码，证监会、中基协纷纷出台相关办法和条例。
- **2018年4月**："资管新规"正式施行，私募基金的监管格局、产品募资与业务模式等均受到一定程度影响。
- **2019年**：全国人大常委会通过修订版《中华人民共和国证券法》，将资管产品纳入证券法的监管范围，为未来"大资管"行业健全的法律框架夯实基础。
- **2020年9月**：证监会出台行业内第二部部门规章——《关于加强私募投资基金监管的若干规定（征求意见稿）》，私募基金管理更加规范，投资者权益也得到了有效保护。

图2　近年私募监管重要节点

可以说，证券私募业过去十年发展成果丰硕，但凡是过往、皆为序章，新征程已然在路上。面向未来，证券私募业依旧大有可为。

赵军表示，从行业角度，近年来，私募行业监管和法规持续完善，奠定了行业专业化、规范化发展的基石，促进了行业"扶优限劣"的良性发展。在私募行业监管方面，希望持续夯实法律法规体系，探索分级分类监管，更加强化对投资者利益的保护，共同推进私募行业规范化和美誉度建设。

他的这一建议得到了很多证券私募从业者的认同。除进一步落实分类监管外，增加鼓励性行业政策、扩大私募基金投资者结构、持续做好投资者教育等也都是各方反馈较多的问题。

从管理人角度，赵军认为，要做出专业、做出特色，持续进化投资能力，为投资人创造长期价值。此外，应不断加强服务能力，坚守信义

义务，恪守专业精神，防范利益冲突，坚持客户利益至上，以专业诚信赢得投资人信任。同时还要在合规自律管理、基础设施建设方面持续投入，坚持规范发展的良性运行机制。

证券私募业的未来会如何？规模继续增长、竞争日渐升温、行业集中度和开放度提升、策略更加多元，这些发展趋势都是业内共识。

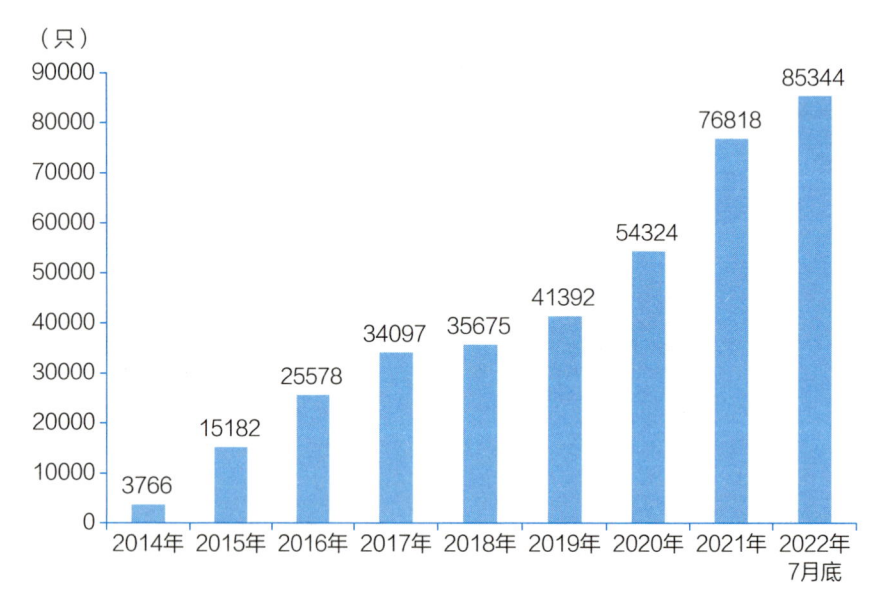

(只)

2014年	3766
2015年	15182
2016年	25578
2017年	34097
2018年	35675
2019年	41392
2020年	54324
2021年	76818
2022年7月底	85344

图3 近十年私募基金备案数量变化

在此背景下，王庆提出，证券私募管理人应重点加强三方面能力建设：一、私募行业机制灵活、发展快，多数私募在投研人才的储备、投研体系的搭建方面还不够成熟完善，需要加强这方面的投入和建设；二、由于人才投入不足及意识不到位等情况，私募管理人的合规风控意识还需进一步加强；三、私募管理人要回归为客户创造绝对收益的初心，进一步提升行业的市场口碑及其在投资者心目中的地位。

（证券时报记者沈宁、许孝如，原载《证券时报》2022年9月6日A001版、A004版）

十八大以来资本市场大事记

2012年
- 11月8日,党的十八大报告提出,深化金融体制改革。健全促进宏观经济稳定、支持实体经济发展的现代金融体系,加快发展多层次资本市场,稳步推进利率和汇率市场化改革。逐步实现人民币资本项目可兑换。

2013年
- 11月12日,党的十八届三中全会提出,健全多层次资本市场体系,推进股票发行注册制改革,多渠道推进股权融资,发展并规范债券市场,提高直接融资比重。推动资本市场双向开放,有序提高跨境资本和金融交易可兑换程度。
- 12月27日,国务院办公厅发布指导资本市场中小投资者保护工作的纲领性文件《关于进一步加强资本市场中小投资者合法权益保护工作的意见》,首次在我国资本市场发展历程中全面构建了保护中小投资者合法权益的政策体系。
- 12月31日,全国中小企业股份转让系统正式面向全国受理企业挂牌申请。

2014年
- 5月9日,国务院发布《关于进一步促进资本市场健康发展的若干意见》,就发展多层次资本市场、提高证券期货业竞争力、扩大资本市场开放、防范化解金融风险、营造资本市场良好发展环境等做出系统部署和全面安排。

2014.1.24 全国股份转让系统在北京举行新三板扩容后首批全国企业集体挂牌仪式

沪港通首日交易鸣锣开市仪式上交所现场 2014.11.17

2015年
- 11月17日，沪港股票市场交易互联互通机制试点开通仪式在上海、香港特别行政区同时举行。
- 2月9日，上证50ETF期权合约上市交易，这是我国第一只场内期权产品。
- 7月5日，证监会发布公告，为维护股票市场稳定，证监会决定，充分发挥中国证券金融股份有限公司的作用，多渠道筹集资金，扩大业务规模，增强维护市场稳定的能力。人民银行将协助通过多种形式给予中国证券金融股份有限公司流动性支持。
- 11月10日，《中共中央关于制定国民经济和社会发展第十三个五年规划的建议》提出，要积极培育公开透明、健康发展的资本市场，推进股票和债券发行交易制度改革，提高直接融资比重，推进资本市场对外开放。

2016年
- 12月5日，深港股票市场交易互联互通机制正式启动。

2017年
- 6月21日，明晟公司宣布将A股纳入MSCI指数。
- 7月14日，第五次全国金融工作会议强调，要紧紧围绕服务实体经济、防控金融风险、深化金融改革三项任务，完善金融市场体系，把发展直接融资放在重要位置，形成融资功能齐备、基础制度扎实、市场监管有效、投资者合法权益得到有效保护的多层次资本市场体系。

242

2016.12.5 深港通启动仪式深交所现场

2018年

10月18日，党的十九大报告指出，深化金融体制改革，增强金融服务实体经济能力，提高融资比重，促进多层次资本市场健康发展。

10月20日，国务院金融稳定发展委员会召开防范化解金融风险第十次专题会议，提出要发挥好资本市场枢纽功能，资本市场关联度高，对市场预期影响大，资本市场对稳经济、稳金融、稳预期发挥着关键作用。要坚持市场化取向，加快完善资本市场基础制度。

11月5日，国家主席习近平在首届中国国际进口博览会上宣布，在上海证券交易所设立科创板并试点注册制。

12月19日，中央经济工作会议指出，资本市场在金融运行中具有牵一发而动全身的作用，要通过深化改革，打造一个规范、透明、开放、有活力、有韧性的资本市场。

2019年

2月27日，证监会主席易会满出席国务院新闻办举办的新闻发布会，围绕设立科创板并试点注册制，进一步促进资本市场稳定健康发展介绍有关情况并答记者问，提出并阐述了"敬畏市场，敬畏法治，敬畏专业，敬畏风险，形成合力"的监管理念。

3月25日，证监会决定成立全面深化改革领导小组及其临时办公室，加强对资本市场改革的顶层设计和统筹协调。

2019.7.22 上交所科创板正式

7月22日，科创板首批25家公司在上海证券交易所挂牌上市交易，标志着设立科创板并试点注册制这一重大改革任务正式落地。

9月9日至10日，证监会召开全面深化资本市场改革工作座谈会，会议提出当前和今后一个时期全面深化资本市场改革的12个重点方面，包括充分发挥科创板试验田作用，大力推动上市公司提高质量，补齐多层次资本市场体系的短板，狠抓中介机构能力建设，加快推进资本市场高水平开放，推动更多中长期资金入市等。

10月25日，证监会启动全面深化新三板改革，提出改革总体思路和优化方式。

10月31日，党的十九届四中全会通过《中共中央关于坚持和完善中国特色社会主义制度、推进国家治理体系和治理能力现代化若干重大问题的决定》，其中提出，要加强资本市场基础制度建设，健全具有高度适应性、竞争力、普惠性的现代金融体系，有效防范化解风险。

2020年

3月1日，新修订的《中华人民共和国证券法》正式施行，为打造一个规范、透明、开放、有活力、有韧性的资本市场，提供了法治保障。

4月27日，中央全面深化改革委员会第十三次会议明确，推进创业板改革并试点注册制。

2020.8.24 深交所创业板注册制首批企业敲钟开市

8月24日,创业板改革并试点注册制顺利落地,首批18家企业在深交所上市。

10月19日,国务院印发《关于进一步提高上市公司质量的意见》。

10月29日,党的十九届中央委员会第五次全体会议提出,全面实行股票发行注册制,建立常态化退市机制,提高直接融资比重。

7月6日,中共中央办公厅、国务院办公厅印发了《关于依法从严打击证券违法活动的意见》,是当前和今后一个时期全方位加强和改进证券监管执法工作的行动纲领。

9月2日,习近平主席在中国国际服务贸易交易会全球服务贸易峰会致辞中宣布,继续支持中小企业创新发展,深化新三板改革,设立北京证券交易所,打造服务创新型中小企业主阵地。

11月12日,我国首单特别代表人诉讼案件——康美药业特别代表人诉讼案迎来判决,康美药业承担24.59亿元的赔偿责任。

12月8日至10日,中央经济工作会议指出,要抓好要素市场化配置综合改革试点,全面实行股票发行注册制。

2021年

2021.11.14 北京证券交易所正式挂牌

2022年
4月29日，中共中央政治局召开会议，会议要求及时回应市场关切，稳步推进股票发行注册制改革，积极引入长期投资者，保持资本市场平稳运行。

8月1日，《中华人民共和国期货和衍生品法》正式施行。

2023年
2月1日，全面实行股票发行注册制改革正式启动。

4月10日，沪深交易所主板注册制首批10家企业上市，中国资本市场全面进入"注册制时间"。

4月14日，国务院办公厅印发《关于上市公司独立董事制度改革的意见》，从独立董事的地位、作用、选择、管理、监督等方面作出制度性规范。